ESSAI COMPARATIF

SUR

L'ORIGINE ET L'HISTOIRE

DES RYTHMES

ESSAI COMPARATIF

SUR

L'ORIGINE ET L'HISTOIRE DES RYTHMES

PAR

MAXIMILIEN KAWCZYNSKI

DOCTEUR ÈS LETTRES

> Male sanum quidem est et in se
> contrarium existimare ea quæ
> adhuc nunquam explanata sunt,
> explicari posse, nisi per modos
> adhuc non tentatos.

PARIS

ÉMILE BOUILLON, LIBRAIRE-ÉDITEUR

67, RUE RICHELIEU, 67

1889

ESSAI COMPARATIF

SUR

L'ORIGINE ET L'HISTOIRE

DES RYTHMES

QUESTIONS PRÉLIMINAIRES

Avant d'entrer dans le sujet propre de ce travail, il faut préciser d'abord la place qu'il occupe parmi des phénomènes semblables. Les phénomènes rythmiques ne touchent pas à la matière des choses, mais à la forme de leur existence. Or, le temps et l'espace étant la forme la plus générale de l'existence, il faut donc que les phénomènes rythmiques tombent aussi sous cette forme ou condition générale.

On veut voir aujourd'hui du rythme dans certains phénomènes de la nature : dans la chute cadencée des gouttes d'eau, tombant après la pluie du feuillage des arbres, dans le battement du cœur, dans les mouvements de l'homme et des animaux. Telle est l'idée de M. Westphal sur l'origine du rythme en général. Ignorant encore si la conception primitive du rythme dans l'art coïncide avec la forme des mouvements naturels réguliers, nous devons nous borner au domaine dans lequel ces phénomènes se manifestent le plus, dans lequel ils ont une histoire, et où ils sont placés par l'homme avec la conscience de son but et de sa volonté, en un mot, il faut nous borner au domaine historique de l'art.

Les arts relèvent nécessairement de la condition formelle de l'existence et se divisent en arts des mouvements dont les œuvres s'écoulent dans le temps, et en arts du repos dont les produits s'étalent et persistent dans l'espace. D'après cette division, établie pour la première fois par Aristoxène, disciple d'Aristote, la danse, la poésie et la musique font partie du premier genre, la sculpture, la peinture et l'architecture du second [1]. C'est de la même division que Lessing a fait usage, avec tant de succès, dans ses recherches esthétiques.

Une des conditions fondamentales de l'arrangement des uns et des autres semble consister dans l'égalisation des parties. C'est ainsi qu'on place les triglyphes, les colonnes, ou les fenêtres à égales distances ; et que la mesure dans les pièces musicales, dans les danses et les pieds dans les mètres antiques sont égaux. Cette égalité de construction peut être interrompue par une partie médiale, différant de toutes les autres, mais à condition que l'harmonie soit maintenue de deux côtés par des suites égales de parties égales. Nous arrivons ainsi à la symétrie, qui peut cependant aller plus loin et abandonnant l'égalité de toutes les parties, hormis la partie médiale, viser seulement à la correspondance des membres égaux par paires, et disposés de deux côtés d'une ligne médiale. Seuls, les arts du repos comportent cette symétrie d'un degré supérieur, pour cette raison, que persistant dans l'espace, les œuvres de l'architecture, de la peinture et de la sculpture se prêtent à une contemplation longue et soutenue, tandis que les arts du mouvement s'écoulant dans le temps, effacent par les

---

[1] R. WESTPHAL, Die Musik des griechischen Altherthums, 1883.

parties suivantes l'impression de celles qui précèdent, de sorte que la régularité de leur ordonnance devient difficile à saisir. Mais, soit que la règle innée du développement porte tous les arts vers des formes semblables, ou que la construction des uns influence celle des autres, les artistes ont été portés à des compositions de cette symétrie supérieure même dans les arts du mouvement, notamment dans la haute lyrique des Grecs, où selon le témoignage d'Aristides Quint. «*Alia simili modo atque prior ordo se habent, alia contra. Et quidem simili modo ut cum primum metrum antistrophes redditur strophes primo, secundum secundo et caetera similiter ; contra autem, ut cum primum ultimo, secundum penultimo, caeteraque secundum eamdem rationem* [1]». Récemment encore, Victor Hugo, dans son poème bien connu *Les Djinns*, a fait choix du dernier mode de construction.

Toutefois les arts du mouvement sont opposés à la construction symétrique, et quand ils abandonnent l'égalité des parties ils les font égales par paires, en en formant une suite de paires. Ils relèvent même l'unité de paires par des périodes additionnelles. Cette forme de composition, particulière à la lyrique, et par conséquent à la musique grecque, et dont on retrouve encore les traces dans la musique moderne, ne fut jamais suivie dans les arts du repos, qui préfèrent la symétrie.

S'appuyant sur leur permanence, les arts du repos abandonneront bientôt la symétrie parfaite, si caractéristique même pour la sculpture chez les Egyptiens; ils ne viseront désormais qu'à une symétrie, que je qualifierais volontiers de psychologique; ils contrebalanceront l'impression des parties opposées soit par des couleurs, soit par des lignes, par la force de leur expression. C'est ce que nous rencontrons dans presque toute la peinture, dans la sculpture et quelquefois, dans une certaine mesure, dans

---

[1] Meibom, Antiquae musicae auctores septem, II, 58.

l'architecture même. Mais les arts du mouvement suivent aussi cette direction, comme nous le montrent les odes monostrophiques antiques, les odes modernes, les poèmes à vers libres, beaucoup de passages de la musique moderne. La tendance naturaliste renonce même à toute symétrie et ne cherche qu'à produire l'effet du hasard de la nature. C'est le moment où l'art ayant dépassé le point culminant de son développement touche à son déclin, commence à se décomposer, parce que la nature n'est désordonnée que pour quiconque l'envisage d'un point de vue étroit ; considérée de plus haut, elle nous révèle une harmonie profonde, un équilibre constant. L'univers est strophique dans son mouvement, il est symétrique dans son étendue.

C'est à dessein que je me borne aux réflexions les plus proches, ce sujet pouvant nous entraîner loin et nous retenir longtemps. Qu'il suffise d'avoir établi, que le commencement de tous les arts, y compris les arts du mouvement, consiste vraiment dans l'égalisation des parties. Aussi faudrait-il chercher l'origine du rythme, qui est la condition formelle et essentielle de tous les arts du mouvement, dans une suite ordonnée des parties égales. Mais ce n'est pas en cela seul que consiste son caractère ; s'il en était ainsi nous devrions appeler rythmique une suite de colonnes, de triglyphes, de fenêtres, placés à distances égales. Selon la notion moderne du rythme, considéré comme une suite ordonnée de temps forts et faibles, cela nous serait facile, en remplaçant « le temps fort » par « l'espace rempli » et « le temps faible » par « l'espace vide ». Mais il est très douteux que notre notion moderne ait été la notion originaire. Et puis le rythme poétique est-il identique à celui de la musique et de la danse ? Et s'il en est ainsi, d'où vient cette ressemblance ou cette identité ? Quels sont les phénomènes qui ont donné le substratum sensible de cette notion ? Autant de questions qui attendent une réponse.

Je ne saurais dire si ces questions ont été déjà posées de la manière que je viens de le faire ici, mais on sait que les recherches des savants n'ont pu jusqu'à présent les résoudre d'une manière satisfaisante. Récemment encore M. Wilhelm Mayer, professeur à Gœttingue, ne pouvant trouver l'origine de la poésie rythmique latine dans la rythmique classique, s'est avisé de la rechercher dans la poésie syriaque, supposant d'abord que cette versification est fondée sur l'accent, et de plus que c'est dans l'accent et dans le syllabisme que consiste la règle, non-seulement de la versification syriaque, mais aussi d'une versification hébraïque supposée. Cette suite de suppositions l'amène à attribuer à la rythmique latine une origine sémitique. Nous établirons plus loin que sa première supposition est erronée, et toutes les autres tomberont de même.

Nous ne sommes pas à la fin des suppositions qu'on débite dans le domaine de l'histoire littéraire. On ne se contente plus de supposer que le vers saturnien, c'est-à-dire la forme primitive de la poésie latine, est fondé sur l'accent, mais on imagine déjà une poésie aryenne primitive, on se figure une poésie générale primitive commune à toutes les races, dont la forme aurait été rythmique, elle aussi, et fondée sur l'accent. Avant tout, avouons que nous ne savons rien de cette poésie générale et primitive, rien d'une poésie aryenne commune et très peu du vrai caractère de la poésie rythmique. Nous nous avançons de plus en plus dans le vide et c'est sur ce vide que nous établissons les bases de notre science.

En présence de tant de méprises, de tant d'efforts stériles, on en cherche la cause. Il y a sans doute un défaut de méthode, qui se contente de rapprochements hasardés et superficiels. Il est vrai que dans les recherches qui portent sur l'origine des phénomènes historiques, force nous est souvent de nous contenter de ressemblances éloignées, pourvu qu'elles soient liées par la logique, fondées sur la psychologie et appuyées sur des faits au moins analogues ; mais pour reconnaître l'analogie il faut connaître le principe, la loi. C'est là que se cache la cause du mal.

Toutes les sciences reposent sur des idées générales, sur des hypothèses, qui ne sont jamais démontrées dès le premier abord, mais qui deviennent principes quand elles se confirment de plus en plus par les faits. Sans ces idées directrices, les recherches scientifiques sont presque impossibles. C'est une manière de travailler peu flatteuse pour nous et pour la science, mais elle est intimement liée à la nature de l'esprit humain, et elle donne à l'humanité la douce certitude que la science n'aura jamais de fin. On estime les idées directrices aussi longtemps qu'elles protègent notre raisonnement, on les rejette dès qu'elles se montrent incapables d'élucider la liaison des faits. C'est ainsi qu'on répudia le système de Ptolémée, respecté durant des siècles; c'est ainsi qu'on abandonna le système astronomique de Descartes, qu'on commence à s'attaquer au système de Newton, qu'on a changé de principes dans l'optique, dans la géologie, dans l'histoire naturelle, qu'on a tant de fois changé les systèmes philosophiques. Nous avons dans les sciences historiques un bon nombre d'axiomes incontestables, mais nous avons aussi des hypothèses, qui revêtent même l'air de principes, quoique à mon avis, elles ne soient que des idées préconçues, vagues, comme le romantisme qui les a fait naître. Elles nous empêchent de trouver l'origine et le caractère du rythme, elles nous défendent presque toutes les recherches d'un but un peu plus lointain que la vérification d'une date, l'analyse d'un texte littéraire, ou même une biographie ; elles entravent la découverte et la compréhension des lois qui régissent la vie des littératures, sans lesquelles leur histoire ne sera jamais une science.

Pour y remédier, il faudrait d'abord dénoncer et

combattre les idées fausses, puis exposer les principes plus conformes à l'état des choses. C'est sans doute une tâche bien au-dessus de mes forces, mais je m'enhardis en pensant qu'une tentative, même faiblement réussie, ne serait pas sans profit pour la science dans son état actuel. Mon travail, cela est à prévoir et certain, fera surgir bien des contradictions, mais il est impossible de les éviter. On n'abandonne qu'avec difficulté et à contre-cœur les idées qu'on a faites siennes. On ne peut d'ailleurs tailler tous les esprits sur le même patron; il en est qui restent inquiets et mal satisfaits là où tant d'autres se reposent contents d'eux-mêmes. Toutefois je bornerai ma tâche, ne combattant que les idées qui nous empêchent de reconnaître le caractère et la source de la rythmique, et n'exposant que les principes qui me paraissent être indispensables pour cette recherche.

On tient pour assuré d'abord, que les peuples aryens ont possédé une poésie dès avant leur séparation. Le nombre des partisans de cette idée, qui est celle de J. Grimm, est légion. On la prend pour un fait hors de controverse, ne se souciant point de l'appuyer de quelques preuves. M. Westphal, seul, très épris de cette belle idée, à ce qui semble, essaye de lui donner un appui scientifique. En comparant les vers dans les anciens monuments littéraires des peuples aryens, il attribue aux vers de seize syllabes dans la littérature védique et sanscrite et dans les gâthas du Zend-Avesta la même origine qu'au vers saturnien et à la « Langzeile » dans la poésie allemande et anglo-saxonne du moyen âge. Suivant son exemple, on trouva ensuite les *çlokas* de l'épopée sanscrite parfaitement conformes au *rann* de l'ancienne poésie irlandaise. C'était donc cette forme originaire qui a dû servir à la poésie aryenne commune, et qui a dû se maintenir dans la poésie des nations aryennes séparées. Rien de plus faible que cette démonstration.

Les vers sanscrits et zends, dont nous parlons, sont à syllabes comptées, comme les vers irlandais, mais les uns ont seize, les autres quatorze, ou deux fois sept syllabes. Séparés de cette sorte, ils le sont plus encore par l'allitération et la rime, essentielles aux vers irlandais, qui tirent leur origine plus probablement de la même source, d'où dériva la rime et l'allitération dans la poésie européenne. Le vers long anglo-saxon et allemand n'a pas un nombre déterminé de syllabes, mais il contient l'allitération ou la rime, par quoi il se détache nettement du vers sanscrit et zend, en se rapprochant du vers irlandais, avec lequel il n'est pas identique. Les vers saturniens ne sont pas à syllabes comptées non plus, et j'accepte l'opinion des grammairiens latins qui les regardaient comme des vers métriques, mais rudes, faits à l'imitation des vers grecs sans la connaissance de lois métriques. L'hexamètre enfin repose sur la notion du pied rythmique, notion qui est absolument absente de tous les vers précédents. Ainsi disparait l'identité de formes, supposées communes, et avec elle l'argument le plus solide en faveur de la probabilité d'une poésie aryenne commune. Ajoutons encore que la haute antiquité attribuée à l'ancienne poésie de nos frères aryens orientaux n'est pas vérifiée.

Les savants allemands aiment à relier les anciens monuments de leur poésie à une mythologie originaire et commune à la race, dont les diverses nations aryennes conservent encore des souvenirs. On rencontre chez tous ces peuples beaucoup de notions mythologiques semblables, mais il ne s'en suit pas qu'elles soient toutes originairement communes. La terre considérée comme une vache, le ciel comme un taureau, telle est la conception mythologique fondamentale dans la *Rig-Veda*, dont l'*Edda* ne présente plus aucune trace. Quoi qu'en dise l'école de Berlin, MM. Bang et Bugge [1] ont

---

[1]. BANG, Voluspa, 1880. — BUGGE, Studien über die nordische Götter und Heldensage, 1882.

bien montré l'influence chrétienne dans le vénérable monument de la plus ancienne poésie scandinave.

Envisageant ce sujet à un point de vue plus général, nous pourrions croire que tout ce que l'Edda contient de primitif, de dérivé de la source commune, devrait se trouver aussi chez les peuples litou-slaves qui, plus proches du berceau commun, auraient dû garder plus fidèlement encore les traditions primitives. N'y trouvant rien de semblable aux récits des anciennes poésies scandinaves, nous sommes conduits à soupçonner que ces derniers peuvent dériver d'un courant des traditions occidentales, qui, affaibli par la distance géographique, entravé de bonne heure par le christianisme, n'a pas atteint l'Est de l'Europe.

De toutes les mythologies aryennes, la mythologie grecque est la plus développée. Elle ne ressemble que par quelques traits bien faibles aux conceptions indigènes des peuples italiques, qui de leur côté diffèrent notablement de celles des peuples scandinaves. Les différences y sont bien plus grandes que les ressemblances et cela est important. Les idées mythologiques scandinaves et celles des Slaves sont disparates et cela ne nous étonne pas, mais nous sommes surpris du peu de ressemblance entre le ciel allemand et celui de l'Edda. Ce dernier se distingue par les douze sièges et les douze déités, en quoi il coïncide avec l'Olympe gréco-romain, et comme il paraît que l'idée de douze déités est sortie originairement de l'Égypte il s'en suit nécessairement, que les Scandinaves l'ont empruntée aux traditions romaines. Les savants allemands ne mettront certainement pas en doute que Tacite était bien informé quand il parle de *Tuisco*, de *Mannus* et de ses trois fils, or il faudra admettre conséquemment, qu'il n'a pas été moins bien instruit lorsqu'il nous dit que le culte d'*Hercule*, de *Mercure*, de *Mars*, d'*Isis* et d'*Ulysse* était répandu en Allemagne. L'influence romaine est donc également visible dans la mythologie scandinave, comme dans celle des Allemands, mais la tradition transmise aux premiers avait été plus savante et systématique, celle parvenue aux seconds plus sporadique et incohérente.

Certains savants nous présentent l'époque primitive des peuples aryens comme un âge d'or sous le sceptre de Saturne, comme un état d'une félicité idyllique, d'une sagesse simple mais profonde [1]. Il en est d'autres, qui le représentent comme un état d'une complète sauvagerie, avec toutes les misères, toutes les cruautés qui l'accompagnent [2]. Peut-être cette dernière manière de voir se rapproche-t-elle plus de la vérité, de même qu'elle s'accorde mieux avec l'histoire. Un siècle avant notre ère, les Cimbres et les Teutons ne sentaient ni le désir, ni le besoin de couvrir la nudité de leurs corps; au temps de Tacite les femmes allemandes ne portaient pas de vêtements. Les historiens byzantins Procope et Théophylacte nous racontent que les Slaves, au sixième siècle encore, étaient nus, sans expérience des armes ni de la guerre; Isidore de Séville ne nous fait pas un tableau flatteur des Francs : « *Franci a feritate morum nuncupati putantur; sunt enim in illis mores inconditi, naturalis ferocitas*». Il faut se représenter un état de mœurs, d'habitudes, de connaissances correspondant à cette nudité, à cette férocité tant de fois attestées par l'histoire de ces peuples, à ce manque d'une vie domiciliée et en conclure qu'au temps de la communauté aryenne l'état des choses avait dû être pire encore, et peu propre à l'invention et à la culture de ces doux arts que les Grecs appelaient musicaux.

Une autre idée préconçue entrave plus encore nos recherches. On veut croire que la poésie et les autres arts musicaux, c'est-à-dire la musique et la danse ont été spontanées et autochtones chez tous les peuples qui les

---

[1]. J. Grimm, Geschichte der deutschen Sprache. Pictet, Les origines indo-européennes.

[2]. V. Hehn, Verbreitung der Culturpflanzen und Hausthiere in Europa, 1877.

possèdent. Elles ont poussé sur le sol, où on les trouve, comme pousse l'herbe, on ne sait comment, dit-on. Mais l'herbe ne pousse que sur un sol favorable ; pour un grain qui germe, il en est des milliers qui meurent, et par combien d'époques la nature n'a-t-elle pas passé avant de produire des grains. Cette chose est certes plus facile à imaginer qu'elle ne l'est en réalité. Qu'est-ce que la poésie ? Le reflet du monde dans une goutte de rosée, c'est-à-dire le reflet de la vie dans un fait. Il faut donc embrasser et la vie et les faits avant de faire de la poésie, il faut savoir placer un fait en rapport avec un sentiment, avec une pensée générale, il faut avoir beaucoup pensé, beaucoup senti, beaucoup vécu. En un mot, le sentiment poétique est le résultat d'une longue culture. Abordons encore le côté positif : qu'est ce qu'un vers ? Un arrangement systématique des parties et des syllabes d'après certaines règles. Pour faire des vers il faut donc savoir distinguer les mots dans le langage, les syllabes dans les mots ; il faut réfléchir, analyser. Quelque imparfait et rude que fût le premier vers, il avait été précédé par ce moment analytique. Une chose rencontrée, faite par hasard, reste non trouvée, passe et périt si elle n'est pas saisie par la conscience, parce que c'est la pensée consciente qui reconnaît le principe, le pose, l'applique, le perfectionne. Or, où nous rencontrons la réflexion, l'analyse et la pensée consciente, la spontanéité fait défaut. Le vers est un produit de la pensée, comme l'art tout entier, et, si le trait caractéristique de l'art consiste dans l'artificiel, il faut bien que cet élément vive et agisse déjà dans les premiers mouvements, les premières manifestations de l'art.

Demandons à un homme instruit, mais qui n'a pas appris la musique, de nous chanter quelque chose ! Je ne sais pas chanter, nous répondra-t-il. Chantez donc spontanément ! Il pensera, et non sans raison, qu'on se moque de lui, ou qu'on n'est pas dans son bon sens, tellement la demande est étrange et bizarre. Pour chanter il faut connaître l'échelle musicale, qui est un système de sons. Ce système est artificiel, parce que la nature ne nous en offre nulle part le modèle. Il n'est pas non plus déterminé par la structure de notre gosier, puisqu'il faut l'apprendre à force d'exercices mille fois répétés. Il n'est pas spontané.

Les mêmes réflexions se présentent en ce qui concerne la danse, qui a pour base un composé de pas et de mouvements difficiles à apprendre, et plus encore à trouver. On peut parler, crier, hurler, courir, sauter d'une manière spontanée, mais non pas faire des vers, chanter ou danser. Outre leurs règles spéciales, les trois arts musicaux sont gouvernés par des lois rythmiques très difficiles à saisir, puisqu'il y a des peuples très cultivés qui ne sont pas arrivés à en acquérir l'idée. Un point très important à noter c'est que la notion du rythme est inconnue dans la littérature sanscrite.

J'insiste encore une fois sur la critique logique : la poésie, la musique, la danse sont des arts ; tous ces arts sont essentiellement artificiels aujourd'hui, et il faut bien que ce qui constitue leur caractère ait été contenu déjà dans leurs germes.

Passons à l'autochthonéité,—nous demandons pardon d'avoir forgé ce mot qui nous est nécessaire pour expliquer notre pensée,—c'est une affaire d'amour-propre national. Chaque peuple se pique de posséder des arts issus de son esprit. Mais les faits y contredisent. Regardons la terre, les magnifiques dômes romans dans la vallée du Rhin, à Cologne, à Mayence, à Worms, à Spire : le nom indique la provenance de leur style. Regardons les superbes cathédrales gothiques dont s'est parée l'Allemagne : c'est Suger à Saint-Denis qui en inventa la première construction. Ecoutons les profondes harmonies qui nous ravissent dans les œuvres de Beethoven, de Bach : elles sont basées sur les deux échelles musicales modernes, dont la théorie fut établie par Rameau. Parcourons les anciennes compositions de Zielenski, de Palestrina, de

Goudimel, les mélodies de Gaucelm Faidit : elles se fondent sur les échelles grecques, rendues obligatoires pour le monde chrétien par Grégoire le Grand. Considérons le vers le plus usité dans la poésie allemande : c'est un décasyllabe emprunté aux Anglais, qui ont imité le décasyllabe français. Analysons le vers principal dans la poésie polonaise : c'est un vers de treize syllabes, calqué sur un vers rythmique latin. Voilà notre autochthonéité, et si nous ôtions de la vie européenne tout entière, tout ce qui se base sur la tradition antique (y compris la tradition orientale amenée par le christianisme) et tout ce qui provient de l'influence romane, il n'en resterait que peu de chose. Qu'on me permette cette dernière assertion, sans m'obliger à la prouver ici.

L'idée dont je viens d'indiquer le faible fondement, est très étroitement liée avec une autre, qui n'en est que la conséquence. Si les arts musicaux sont un produit spontané parmi le peuple, il s'en suit que la poésie, la musique et la danse populaires sont plus anciennes que la poésie, la musique et la danse artistique. Cette idée, il faut bien y insister, est parfaitement inconnue des savants anciens, qui cependant portaient un vif intérêt à toutes les manifestations de la vie intellectuelle et qui connaissaient leur monde grec et romain ; elle est inconnue des chroniqueurs du moyen âge qui auraient pu être témoins de tous les emprunts faits de leur temps aux arts populaires ; elle l'est également des érudits des siècles passés. C'est un produit pur de la science moderne. Elle date de Herder ou plutôt de Percy lui-même qui l'a déjà indiquée dans son célèbre recueil[1]. Sous l'impression de l'Ossianisme, il fait procéder les minstrels des anciens scaldes et des bardes. Mais il a puisé les pièces de son recueil dans des manuscrits du dix-septième siècle et dans une collection déjà imprimée avant lui, et non pas dans la tradition orale. Une grande partie de ces chants est d'origine purement littéraire, il y en a

---

[1]. Reliques of ancient english Poetry, 1765.

même qui sont de traductions des romances espagnoles, d'autres encore qui ont des minstrels pour auteurs. Nous ferons remarquer que les minstrels étaient tonsurés, qu'ils appartenaient aux ordres inférieurs de l'Eglise, qu'ils passaient par une école[1]. Il semble qu'ils étaient des « ministrants » à la messe, surtout aux messes chantées dans des églises de petites villes et villages qui ne possédaient pas d'orgues. Chanteurs et musiciens de profession, ils s'occupaient non seulement de l'art religieux, mais aussi de l'art profane. On peut les assimiler aux vagants, aux jongleurs, aux trouvères eux-mêmes. Le même art que les trouvères portaient dans les châteaux, ceux-là le portaient aux foires et dans les rues des villes. Ils choisissaient des sujets qui pouvaient convenir au peuple, ils simplifièrent les formes et rendirent leur art populaire. C'est donc l'art du moyen âge popularisé qui se maintint parmi le peuple à travers les siècles de la Renaissance jusqu'à notre temps. La poésie de la Renaissance sur les hauteurs du Parnasse ne daignait pas descendre dans les basses régions du peuple, elle ne savait pas l'intéresser à Jupiter, à Apollon et aux muses.

On sait quelle forte impulsion la poésie européenne avait reçue de la publication du recueil de Percy. Herder lui-même se mit à la recherche des chansons populaires, il publia « les *Voix des peuples* », il inspira au jeune Gœthe le même goût pour ces productions, et fut suivi dans cette voie non seulement par les frères Grimm, mais directement ou indirectement par tous ces nombreux travailleurs qui s'occupent depuis de faire connaître les récits et les chants répandus parmi les divers peuples. J'ai dit à dessein les récits, parce qu'on les considérait, il n'y a pas longtemps encore, comme des productions aussi bien spontanées et au-

---

[1]. V. l'étude sur la musique, au siècle de Saint-Louis, par M. H. Lavoix dans le « Recueil de motets français, 1882, vol. II. »

tochtones que les chansons, et cependant la plupart ont leur source dans la littérature sanscrite, source d'origine savante, puisqu'ils ont pour auteurs, d'après Burnouf et Benfey, des prêtres bouddhistes ; la voie par laquelle ils nous ont été transmis est savante aussi, marquée par les traductions en persan, en syrien, en arabe, en hébreu, en grec et en latin. La science ayant déjà réussi à tirer les récits de la nuit de la spontanéité, nous pouvons espérer que les chansons populaires sortiront aussi des ténèbres dans lesquelles l'hypothèse romantique les a plongées. Placées sur le terrain de la tradition artistique, elles ne tarderont pas à nous livrer le secret de leur âge et de leur provenance.

Ces idées, à mon avis, sont fausses, et je leur reprocherais d'entraver les recherches littéraires. Peut-être n'ai-je pas encore suffisamment prouvé la thèse que je soutiens, mais je continuerai ma démonstration en essayant de leur opposer des propositions tout à fait contraires, qui mériteraient peut-être plutôt le nom de principes.

Toute invention dans le domaine de l'art ou de la science, comme toute invention en général, me paraît être toujours individuelle et personnelle, et procéder d'un esprit supérieur en son genre à tous les autres, qui l'imitent ensuite. Je soutiens donc d'abord que chaque initiative est personnelle, et il pourrait sembler superflu de le vouloir prouver, tant cela est clair. Tout au contraire, on va jusqu'à prétendre que toutes les nouvelles idées sont le produit du peuple entier, qu'avant d'entrer dans la littérature, elles essaiment, bourdonnent dans l'air, en un mot, que tout le monde y participe et que les écrivains n'ont qu'à les bien énoncer. On ôte aux esprits supérieurs le mérite de leurs veilles, du travail de leur pensée, pour le partager entre la foule qui ignore l'art difficile de la méditation.

Prenons un exemple : M. Taine vient d'énoncer des

opinions nouvelles sur la Révolution française; est-ce qu'elles bourdonnaient dans l'air depuis longtemps, est-ce que la foule y avait songé? Le célèbre savant y est parvenu à l'aide d'une nouvelle analyse des faits et d'une synthèse également nouvelle. Seul de son opinion à l'heure de la publication de son œuvre, aujourd'hui il ne l'est plus probablement. Telle est toujours la relation entre la foule et l'idée nouvelle. Originairement sorties d'un esprit unique et peut-être solitaire, elles se propagent non seulement par les livres, mais encore par les journaux, par les discours publics, par le théâtre; peu à peu elles s'imposent aux masses. Plus l'idée est nouvelle, élevée, éloignée des idées reçues, plus difficilement elle se répandra et sera acceptée; au contraire une idée plus à la portée du public, c'est-à-dire moins éloignée des opinions établies, devient facilement populaire. Il arrive alors qu'après un certain temps un esprit inférieur la rencontre parmi la foule, et ignorant son origine, lui prête sa parole et sa plume, se fait le champion de cette idée trouvée parmi le peuple. C'est ainsi qu'en France nous voyons des écrivains attribuer au peuple des idées émises par Voltaire, par Diderot et par Rousseau.

Rien de plus rare qu'une nouvelle pensée. On pourrait en dire de même d'une nouvelle mélodie, d'une nouvelle statue, d'une nouvelle façade. Partout nous trouvons des réminiscences. Les œuvres les plus indépendantes ne sont composées que d'éléments, de motifs connus. Une œuvre toute nouvelle n'est qu'une nouvelle synthèse, précédée le plus souvent d'une analyse nouvelle; mais pour arriver à cette synthèse ou à cette analyse, il faut connaître toutes les synthèses et les analyses déjà exécutées, il faut connaître à fond le matériel donné, le matériel des sons, des paroles, des pierres. C'est pourquoi une invention, chose possible en tous temps, n'est que rare, et toujours due à un esprit supérieur passionné pour la recherche, pour la méditation.

Les inventions modernes touchent à des choses déjà très spéciales, placées bien loin dans l'échelle des formes ; les inventions des temps passés étant plus simples n'en exigeaient pas moins d'efforts de la pensée et de la volonté, n'en étaient pas moins difficiles à faire. La tradition grecque qui plaçait parmi les dieux les premiers inventeurs, ou qui attribuait les inventions aux dieux mêmes, nous est un vif témoignage de la reconnaissance de ce peuple unique envers ses bienfaiteurs et en même temps de sa conscience de la difficulté de chaque invention. Il faut donc regarder les premières et les plus simples manifestations de la poésie ou de la musique comme des inventions aussi étonnantes et aussi rares que le sont aujourd'hui une tragédie ou une symphonie classiques. Si rudes que soient ces premières manifestations de l'art, comme la prière des *frères Arvales*, elles étaient déjà des œuvres d'artistes *sui generis*, et le peuple d'alors les admirait autant qu'il admire aujourd'hui une œuvre de Victor Hugo.

Si nous avons d'un côté les inventions d'un petit nombre d'esprits supérieurs, nous trouvons de l'autre côté l'imitation de la multitude. L'imitation est cette forme du mouvement des esprits par laquelle une société donnée tend vers l'unité. Très souvent néanmoins cette imitation produit une rupture, une discordance dans la société, parce qu'une assertion provoque une négation qui conduit de nouveau à une assertion plus contradictoire. Cette idée opposée à l'état donné des choses dispute la prédominance à l'idée régnante et rompt l'équilibre. Il surgit souvent une nouvelle idée intermédiaire, ou une autre encore plus opposée qui s'engagent toutes dans une lutte, chacune s'efforçant de gagner le plus d'adhérents, c'est-à-dire d'imitateurs, chacune disputant à ses adversaires la domination des esprits.

Chez l'homme la culture de l'esprit débute par l'imitation, nous la commençons étant enfants, imitant les mouvements, le langage, les mœurs de nos parents, de notre entourage. Les parents, de leur côté, imitent le parler et les mœurs de la ville ou de la contrée qu'ils habitent, et quand ils ont la vue intellectuelle élargie, c'est-à-dire quand ils sont instruits, ils imitent le langage et les mœurs de la capitale, de la classe élevée, de la littérature. C'est ainsi que les cours princières imposèrent jadis leur langue et leurs mœurs à la capitale, qui de son côté fit rayonner son influence sur les centres provinciaux, imités à leur tour par les villes et les villages. Tout le monde sait que le dialecte de la capitale ou de la cour est devenu dans les États de l'Europe la langue du pays, au préjudice toujours croissant des dialectes locaux. L'autorité du Dictionnaire de l'Académie française n'est-elle pas fondée sur l'influence des esprits supérieurs d'une part, sur l'imitation de l'autre ?

L'imitation est la base de toute éducation, de toute instruction, de tout apprentissage : c'est par elle que le progrès se propage et s'effectue [1].

L'état actuel de la littérature et de tous les arts confirme d'une manière incontestable ce rapport entre les deux facteurs de la vie intellectuelle. Nous voyons partout des écoles qui se composent d'un maître inventeur et de disciples qui adoptent son principe, sa manière. Il en était ainsi depuis des siècles. Mais les degrés de l'imitation sont très nombreux et différents. Ils commencent par l'adhésion passive, et s'élèvent jusqu'aux manifestations du plus haut talent. Quelquefois l'imitation produit une œuvre supérieure à l'original. Parmi de nombreux exemples, je ne citerai que le « *Werther* » de Gœthe, qui a fait école en France, où on ne s'est pas aperçu d'abord que cette œuvre poétique était une imitation de la « *Nouvelle Héloïse* ».

Je crois superflu d'insister davantage sur un principe

---

[1] Cfr. M. KAWCZYNSKI, Studien zur Litteraturgeschichte des XVIII ten Jahrhunderts, 1880.
G. TARDIEU : Revue philosophique, 1884, p. 489.

aussi évident, et qui se confirme dans chaque individu, son langage, ses mœurs, sa tenue, ses règles de conduite, ses vêtements enfin.

Considérons les conséquences. Si nous convenons que chaque invention est une œuvre individuelle, je veux dire exceptionnelle, artistique, résultant d'un grand effort de la pensée et de la volonté, nous y trouverons une preuve de plus contre la génération spontanée des arts musicaux parmi le peuple. Celui-ci n'ayant pu les inventer, comment expliquer qu'il les possède pourtant ? Il les a acquis par imitation, et comme il s'écoule toujours un temps assez long pour qu'une nouveauté parvienne jusqu'au peuple, il s'ensuit que les manifestations de la poésie, de la musique et de la danse populaires sont postérieures à la poésie, la musique et la danse artistisques. Cette assertion est dans un accord complet avec les faits historiques. Nulle part nous ne trouvons de monuments des arts musicaux populaires antérieurs aux arts proprement dits. Si on nous objecte que le peuple romain chantait et dansait déjà au septième, au huitième siècle, c'est qu'il n'avait pas encore oublié les danses et les chants que lui avait appris jadis la civilisation romaine. Ajoutons encore, que les commencements d'un art sont toujours aussi rudes, aussi informes que s'ils sortaient de l'esprit rustique, mais, qu'on ne s'y méprenne pas, ils sont l'œuvre des esprits les mieux doués de la nation à l'époque donnée.

Les forces agissantes dans l'univers comme dans la société sont toujours les mêmes. Pourquoi donc le peuple d'aujourd'hui n'invente-t-il rien ? C'est parce qu'il n'a jamais rien inventé. Il n'est pas seulement capable d'améliorer la forme de sa charrue ou de sa voiture, dont il fait usage tous les jours. Mais d'un autre côté le peuple est conservateur, il garde et conserve à travers des siècles ce qu'il a une fois appris et retenu. Les chants, qu'il répète portent l'empreinte des siècles passés. Il paraît que ce fut au treizième, plus encore au quatorzième et au quinzième siècles que l'art des trouvères se répandit en France dans des cercles de plus en plus larges. Nous avons mentionné déjà les jongleurs, les ménestrels, les truands, les moines défroqués, qui le portèrent dans les cabarets, dans les foires, dans les fêtes patronales. Parmi le peuple il se trouva des gens à l'esprit plus vif qui retinrent par cœur la mélodie et les paroles; quelquefois même ils parvinrent à substituer d'autres paroles à la mélodie donnée, ils ont pu arriver à une certaine habileté dans cet art imitatif et secondaire. C'étaient surtout des organistes, des sacristains de la paroisse, liés en quelque manière à l'art savant; des musiciens de village qu'on peut regarder comme des successeurs des ménestrels; des mendiants ou des aveugles, qui passent toujours par un apprentissage, par une espèce d'école, c'étaient enfin des gens qui avaient appris la musique, fût-ce à jouer du violon, du chalumeau, de la cornemuse. Nous voyons que les agents de l'art savant parmi le peuple sont très nombreux.

Je me suis efforcé d'éclaircir l'importance de l'imitation dans la société humaine et sur cette base j'ai cherché à indiquer la relation qui existe entre l'art savant et l'art populaire, Or, ce mouvement imitatif ne se renferme pas dans les limites d'une nation ou d'un État, il les dépasse, il attire dans son courant les nations voisines qui les transmettent de plus en plus au loin. Il ne reste pas dans la sphère de l'inconscient, on s'y rend, on le suit de bonne volonté, on cherche à imiter les meilleurs exemples. Aujourd'hui on voit des manufacturiers aller faire leur apprentissage dans des pays où leur profession se pratique d'une manière plus parfaite, on voit des savants, des artistes aller faire leurs études dans des pays où la science et l'art fleurissent, on voit même des commissions officielles envoyées dans d'autres pays, pour y étudier des améliorations spéciales. Comme les forces agissantes dans les sociétés humaines sont toujours les mêmes, il faut en conclure, que ce mouvement imitatif était vif à l'époque la plus reculée, et que peut-être il l'était même plus qu'il ne l'est aujourd'hui. Il nous semble qu'un peuple sans culture propre mis en contact immédiat avec une haute civilisation en devient nécessairement l'esclave. L'influence commence par l'adoption des outils, des étoffes, des armes, des mœurs, des institutions, elle finit par l'adoption de la religion et de la langue même. Si donc les Goths, les Longobards, les Francs, quoique vainqueurs par les armes, finirent par se romaniser, nous pouvons en conclure qu'ils avaient déjà auparavant épuisé toute l'échelle d'adoptions d'ordre inférieur.

Les influences dont je parle ici, s'effectuent par delà les frontières d'une manière pacifique, et l'exemple le plus marquant nous en est fourni par une race des plus hardies, des plus indépendantes, des plus violentes, je parle des Germains. Nous les voyons au temps de Bède et d'Aldhelme, de Raban Maur et de Walafrid Strabo s'exercer dans les hexamètres, les distiques ou les vers rythmiques latins, se servir de la langue latine même dans les lettres familières. On était épris des livres antiques, qu'on allait chercher à Rome, qu'on recopiait assidûment. On imposait la langue latine au peuple même et il fallut un ordre exprès de Charlemagne pour qu'on se mît à enseigner les prières et la confession de la foi dans la langue nationale.

Nous avons un précieux témoignage historique d'Otfrid de Wissembourg, l'élève de Raban Maur à Fulda, qui étant en relation avec des moines distingués de St-Gall, avec l'évêque de Bâle, l'archevêque de Mayence, avec l'empereur lui-même, à qui il adressa la dédicace de son poème, avait pu être très bien instruit sur l'état de lettres en Allemagne au neuvième siècle. Voici ce qu'il en dit: «*lingua enim haec* (thiulisca) *velut agrestis habetur, dum a propriis* NEC SCRIPTURA, NEC ARTE ALIQUA ULLIS EST TEMPORIBUS EXPOLITA. *Quippe qui nec historias suorum antecessorum ut multae gentes cete-*

rae, commendant memoriae, nec eorum gesta vel vitam ornant dignitatis amore. Quod si raro contigit aliarum gentium lingua, id est latinorum vel graecorum potius explanant. Cavent aliarum et deformitatem non verecundant suarum. Stupent in aliis vel litterula parua artem transgredi et pene propria lingua vitium generat per singula verba. Res mira tam magnos viros prudentia deditos, cautela praecipuos, agilitate suffultos, sapientia latos, sanctitate praeclaros, cuncta haec in alienae linguae gloriam transferre et usum scripturae in propria lingua non habere ».

Ces paroles étonneront plus d'un lecteur. Nous connaissons par cœur, pour les avoir vues citées mille fois, les paroles de Tacite et d'Eginhard, qui ont fait croître dans l'histoire littéraire toute une forêt de vieux chants épiques germaniques. Cette forêt épaisse entourait tout l'horizon, masquait toute perspective. C'était un enchantement, comme le romantisme en connaissait beaucoup. On voyait des chansons dans tout historien, dans tout chroniqueur. Mais un enchantement produit par des paroles peut être levé par des paroles, et je crois que celles d'Otfrid en ont bien la force. Leur souffle puissant renverse la futaie, éclaircit l'horizon, ouvre une longue perspective, au bout de laquelle nous verrons peut-être — l'antiquité classique.

En examinant les paroles de Tacite et d'Eginhard, on pourrait remarquer que le premier n'a jamais vu l'Allemagne de ses propres yeux, que le second s'exprime d'une manière obscure et, dans quelque mesure, contradictoire, mais je n'insisterai pas sur ces objections. Au temps de Tacite même, les Allemands étaient déjà depuis assez longtemps en contact avec la culture gréco-romaine, soit directement, soit par l'intermédiaire des Gaulois, pour avoir appris quelque chose. Admettons donc l'existence de chants allemands antérieurs à Otfrid, je crois toutefois pouvoir affirmer deux choses ; d'abord, que ces chants avaient dû être très insignifiants puis qu'ils avaient disparu complètement vers le milieu du neuvième siècle. L'assertion d'Otfrid, l'Allemand le mieux instruit et le plus patriote de son temps, est sur cette question trop précise pour être révoquée en doute. Elle se trouve dans une lettre adressée à l'archevêque de Mayence, et n'aurait pas manqué de provoquer un démenti si elle avait été en contradiction avec la vérité. Ai-je besoin d'ajouter encore expressément qu'on doit regarder les monuments les plus anciens de la poésie allemande comme postérieurs à Otfrid, et qu'ils ne peuvent plus dès lors relever de la tradition d'une poésie germanique qui n'existait pas ?

Mais envisagée à ce point de vue l'épopée française, que plusieurs savants très distingués ont placée sur le terrain des traditions épiques des Allemands, se trouverait privée de sa base ? Mais non, car c'est ici que l'antiquité, entrevue au fond de la perspective, vient à notre secours. Je ne peux indiquer que les points les plus saillants : Est-ce que l'Enéide, la traduction latine de l'Iliade et les nombreuses épopées latines de Stace, de Lucain, de Claudien ne nous fournissent pas une base beaucoup plus solide et plus réelle que les chants germaniques qui nous avaient été imposés ? Ces poèmes n'ont-ils pas été lus et étudiés avidement au moyen âge ? Ne présentent-ils pas de nombreux exemples de combats singuliers, ce thème préféré dans les épopées de cette époque? Dans les vastes pays soumis à l'influence de la culture grecque ne continuait-on pas à chanter des morceaux détachés de l'Iliade, ou de l'Odyssée ? Est-ce que l'usage introduit par Pindare de chanter des louanges personnelles, l'usage des odes, des panégyriques y fut perdu complètement ?

Fixons encore quelques points historiques : La noblesse du moyen âge n'est à mon avis qu'une copie renouvelée de la noblesse romaine, l'*ordo equester*. Les généalogies qu'on dressait avec tant d'efforts dans les châteaux et dans les épopées du moyen âge ont leurs modèles dans les arbres généalogiques de la noblesse romaine. Les traits à l'appui sont inépuisables, mais comme il faut savoir se borner je ne ferai plus qu'une remarque un peu plus générale. L'état primitif des peuples germaniques et slaves consistait, d'après les indications des historiens, dans une parfaite égalité de l'état, mais c'était une égalité de bas étage. L'organisation de ces sociétés et des États germaniques et slaves s'est effectuée sur les modèles romains et byzantins. L'idée de l'empire romain est l'idée fondamentale du moyen âge, et cela nous indique assez clairement où était le centre, quel était l'idéal de ces époques, et n'entrevoit-on pas la nécessité logique d'une concordance intime entre les traits spéciaux et le trait principal? L'idée dominante n'a-t-elle pas dû déterminer l'organisation du corps entier? Mais la vie sociale, les esprits, les tendances avaient changé; beaucoup d'intérêts particuliers inconnus de l'antiquité, ou qu'elle n'admettait pas, se firent jour. Le sentiment chrétien remplaçant l'élément païen dans toutes les institutions changea leur caractère. Il en fut de même dans la littérature; ne pouvant plus s'inspirer des aventures d'Enée ou du combat des sept frères contre Thèbes, l'épopée chrétienne devint nécessaire et la France fut son berceau. Elle y fut créée par ceux qui avaient le plus vif intérêt et presque le devoir de la substituer à l'épopée païenne, et qui étaient assez instruits pour y réussir. Mais dans les deux cas ce fut la tradition artistique ancienne qui servit de base.

Qu'il me soit permis de présenter encore quelques remarques sur la littérature allemande considérée au point de vue comparatif. Cette littérature est, on le sait, une des plus riches et des plus belles, son histoire cependant est pénétrée du faux principe de spontanéité. L'amour-propre national est un mauvais conseiller dans la science, aussi voyons-nous son histoire de plus en plus défigurée. Les suites en sont fâcheuses: d'abord nous devenons incapables de bien comprendre cette littérature, et je crois qu'en faire comprendre l'objet est le but principal de toute science. En outre, l'influence de la manière de voir allemande réagit fortement sur l'histoire littéraire des autres peuples, qui s'efforcent chacun de prouver une spontanéité propre dans des produits où on ne la rencontre pas. On conviendra qu'une pareille mêl[ée] défigure la science et rend l'explication des faits impossible.

Si on examine les traits les plus généraux de l'histoire de la littérature allemande, on peut dire qu'Otfrid, son vrai fondateur, la plaça sur le terrain de l'imitation des œuvres latines, et elle occupa cette place pendant toute la période de l'ancien haut-allemand. L'Allemagne, c'est incontestable, a donc devancé la France et les autres pays romans dans la création des œuvres littéraires en langue nationale, et cependant telle n'était pas l'opinion d'Otfrid, qui donne les Kriachi et les Romani comme modèles à ses compatriotes. Comment accorder cette contradiction ? C'est que la littérature latine était toujours dans cette période la littérature nationale des pays romans. Il faut insister sur ce fait, important non seulement pour l'histoire littéraire, mais aussi bien pour l'histoire des langues romanes.

La période du moyen haut-allemand se caractérise par l'imitation de la littérature française et provençale. Les sujets, les genres et les formes de la lyrique allemande sont à peu près les mêmes que dans la lyrique franco-provençale, qui est incontestablement antérieure à l'autre (quoique une influence directe de la lyrique latine du moyen âge sur les origines de la lyrique allemande ne soit pas impossible). Presque tous les sujets et toutes les formes de la poésie épique française : les romans de l'antiquité, les romans de la Table ronde, les romans d'aventures, les romans allégoriques se retrouvent dans des traductions ou dans des imitations allemandes. J'ai dit à tort : toutes les formes, parce qu'il faut en excepter la plus importante : les chansons de geste.

Mais en est-il vraiment ainsi ? Les célèbres chansons dont on s'inspirait non seulement en Italie, en Espagne, mais dans les pays scandinaves, l'Islande, cette terre lointaine, baignée de froides ondes, les chansons dont l'écho lointain se fraya un chemin jusque dans les récits populaires de la Russie (Bœuves d'Hanstone) et qui, à mon avis, transmises par Venise, par la Dalmatie, par Raguse jusqu'aux Serbes y ont fait naître des chansons analogues, seraient-elles restées sans influence en Allemagne? Je ne le crois pas. Mais voici les *Nibelungen, Gudrun, Ravenschlacht, Alpharts Tod* qui se prêtent volontiers à une comparaison, qui veulent occuper une place dans les cadres psychologiques et historiques de la littérature générale de l'Europe. La chanson de Roland fut tellement goûtée en Allemagne qu'on en fit une traduction latine et allemande, cependant on s'aperçut bientôt que les chansons de geste, c'est-à-dire chansons d'histoire, de hauts faits accomplis par la nation, devraient avoir pour sujet les légendes, les traditions nationales historiques. On en chercha et on réussit à créer une imposante poésie épique.

Un des plus intéressants sujets d'investigation serait d'indiquer les éléments dont ces traditions se composent. D'abord *Sigfrid*, qui tue le dragon, enlève un trésor, exécute de grands exploits, fait un voyage outre mer, et qui devenu le fiancé, presque l'époux de Brunhild la quitte pour épouser Kriemhild. L'abandonnée, qui est une sorcière, se venge. Malgré nous, le souvenir de Jason s'impose à notre esprit : lui aussi fait un voyage outre mer, tue un dragon, gardien du trésor, abandonne Médée, fille du roi, mais sorcière, pour épouser Créüse. L'abandonnée se venge. Le fond de ces deux fables est donc identique et n'allons pas penser que des récits tellement semblables puissent naître dans différents pays, chez différentes nations d'une manière indépendante. Cette disposition ne sera jamais admise par quiconque sait combien d'impressions, combien de réminiscences, de circonstances propices il faut pour qu'un récit pareil puisse se former. Est-il possible que toutes ces circonstances se reproduisent, d'une manière presque identique, sur un autre endroit de la terre et dans un état social différent et inférieur ? Nous trouvons cependant dans le personnage de Sigfrid des traits empruntés à Achille et à Persée, et cela seul suffirait pour nous avertir que ce héros n'est pas une personnification mythologique originale, mais qu'il est le produit d'une contamination de récits ayant pour objet les héros antiques. Ces récits oraux se sont confondus, démembrés, en passant de bouche en bouche chez des gens peu instruits, se sont assimilés aux notions déjà établies, pour devenir plus compréhensibles et vraisemblables pour les auditeurs, se sont joints enfin aux traditions vraiment historiques. Plus tard les poètes les ont ramenés à une unité épique, ils les ont enrichis de motifs et même de personnages empruntés aux chansons de geste françaises [1].

C'est ainsi que l'épopée allemande et l'épopée slave entrent sans difficulté et même avec grâce dans l'unité de la littérature européenne. Je me permettrai d'ajouter encore une remarque sur leur forme : le vers employé dans les chansons serbes est de dix syllabes; le vers des Nibelungen montre, selon Fr. Diez, une forte ressemblance avec l'alexandrin. Nous ne pouvons faire mieux que laisser la parole au docte professeur : « *Die Aehnlichkeit zwischen dem Alexandriner und unserem Nibelungenvers ist allerdings überraschend, allein grade hier wäre zu bedenken, ob die deutsche Form, als die jüngere, ihre Ausbildung nicht der französischen verdanke*». Donc, selon lui, le vers allemand étant plus récent peut dériver du vers français. Je ne me permettrai pas de le contredire.

Durant les siècles suivants la littérature allemande

---

[1] Comparez p. ex. Guillaume d'Orange devenu moine et le moine Ilsan dans l'épopée allemande.

resta intimement liée à la littérature française. Les charmantes productions de la Renaissance italienne y furent introduites de bonne heure, c'est vrai, le théâtre anglais y fut bien accueilli par les classes populaires, mais les règles de la poétique française gouvernaient exclusivement le Parnasse allemand. Au dix-huitième siècle nous voyons encore Gottsched s'efforcer, mais sans succès, de renouveler et de renforcer l'influence française. Guidée et inspirée par Lessing, par Herder plus tard, l'Allemagne travailla à une poétique nouvelle, sur la base de laquelle elle arriva à une littérature indépendante et brillante créée par Gœthe, Schiller et l'école romantique. Ce fut au tour de la France à subir l'influence allemande. Aujourd'hui, cependant, l'influence française a repris le dessus dans le domaine du théâtre et du roman, les deux formes qu'on cultive le plus de notre temps.

Il serait superflu de vouloir montrer ici l'influence que la littérature française et provençale exerça en Italie, en Espagne et en Portugal, ou celle réciproque qu'elle subit de la part de la littérature italienne et de la littérature espagnole. Ces faits sont connus et il suffit de les avoir mentionnés. Il en est de même de la littérature anglaise, qui si riche et si belle qu'elle soit, est loin d'être indépendante du courant général de la littérature européenne et des influences particulières. Nous voyons l'esprit le plus puissant dans cette littérature, W. Shakespeare, se servir des motifs du théâtre espagnol, nous voyons Walter Scott inspiré pour toute sa vie par une œuvre de Gœthe, Byron enfin se modeler, lui-même et ses héros, sur *Faust* et *Réné*. De tous ces faits, que le lecteur voudra bien compléter lui-même, je crois pouvoir tirer un principe qui s'y manifeste clairement, à savoir : que les influences historiques sont plus fortes que les données naturelles et propres de chaque peuple.

Ce principe se heurte malheureusement à la théorie énoncée par un des plus célèbres savants contemporains, par M. Taine. Il attribue à chaque littérature un développement spontané, autochtone, qu'il fait dépendre de la race, de la situation géographique, du milieu et du moment Il donne ainsi au romantique « Volksgeist » une interprétation réaliste, faisant agir ces facteurs d'une manière mécanique. Or, nous venons de voir que les faits ne confirment pas cette théorie. Elle vient à l'appui des opinions qui diminuent le rôle et l'importance de la littérature française dans l'histoire littéraire de l'Europe, elle brise la relation qui existe entre la culture moderne et celle de l'antiquité, elle n'est applicable enfin que dans des cas exceptionnels. L'ancienne Égypte seule, peut-être, s'est développée suivant ses conditions naturelles, mais la Grèce, qui datait le commencement de sa culture de l'arrivée des hôtes étrangers, de Danaüs, Kekrops, Kadmus et Pelops; mais l'Inde, qui avec l'écriture sémitique a dû recevoir quelques idées, et qui semble avoir subi une forte influence grecque après l'invasion d'Alexandre ; mais la Chine même, envahie par le Bouddhisme indien, tous ces pays se dérobent à la théorie exposée par l'illustre savant.

Ils s'y soustraient, mais pas entièrement, parce qu'aucun peuple aryen n'accepte jamais complètement les idées, les motifs, les sujets qu'il reçoit des autres peuples. On prend les traits qu'on saisit le mieux, on les rapproche des notions déjà reçues. Ainsi transformées, les idées étrangères deviennent presque nationales. Les trois Parques, créées par le génie grec, sont devenues trois fées chez les peuples romains, elles se sont déguisées en trois filles-cygnes chez les Allemands. Chaque nation peut s'intéresser à ses sujets, à ses personnages poétiques sans se soucier de leur acte de naissance, mais la science a besoin de rechercher leur origine pour les comprendre. Il est incontestable que la diversité des races dépend de celle des conditions naturelles ; il semble que cette cause aurait pu produire un effet semblable dans les littératures, ce qui n'eut pas lieu. Dans l'unité actuelle, dans l'identité générale des formes et des sujets que nous présentent les littératures de toutes les nations européennes, cette diversité autochtonique ne se manifeste que par une différence dans le choix, dans le traitement, dans une préférence qu'on donne plutôt à tels sujets ou à telles formes qu'aux autres.

En voulant accorder avec la théorie de M. Taine les principes que nous exposons ici, on pourrait les classer dans la catégorie du milieu. Mais en les y plaçant nous changerions leur caractère, car les influences historiques agissent de loin par l'intermédiaire de personnages exceptionnels, avides de progrès, tandis que M. Taine entend par le milieu l'entourage le plus proche et permanent, dont l'expression est la société donnée. Ici surgit une question en elle-même très importante : si les esprits se modifient sous l'influence du milieu, comment ce milieu lui-même se modifie-t-il ? La société une fois établie sur certains principes a une tendance à se maintenir dans cet état. Prenons les paysans, c'est-à-dire la grande majorité de chaque nation, nous les voyons persister volontiers dans des idées et dans des formes une fois reçues. S'ils parviennent à les changer, c'est sous l'influence d'une littérature populaire, créée à dessein, sous l'influence des journaux, des lois nouvelles, des agitateurs politiques ou sociaux qui colportent les idées d'un J.-J. Rousseau, d'un Proudhon ou d'un Saint-Simon. Donc la modification de la société est due à l'influence des hommes dominants, exceptionnels. Il nous resterait encore à expliquer comment les esprits exceptionnels parviennent à des conceptions, à des pensées nouvelles, souvent mauvaises, mais cette question m'entraînerait encore plus loin et je n'y entrerai pas ici, ayant d'ailleurs indiqué déjà plus haut mon opinion.

Je crois donc pouvoir maintenir le principe que les influences historiques sont plus fortes que les conditions naturelles. Il faudrait pourtant l'élargir encore. Les mêmes forces sociales agissant toujours, nous pouvons admettre que des influences semblables d'une nation civilisée sur des nations barbares eurent lieu avant leur contact immédiat, dont nous parlent les histoires, qu'il y a eu des influences préhistoriques. Il est à supposer que les peuples germaniques et slaves avant de prendre du service dans les légions romaines, avant de connaître la culture antique, en reçurent quelques notions par les marchands grecs ou italiques. Les objets nombreux de cette provenance trouvés dans les tombes préhistoriques, armes, bijoux, monnaies, nous prouvent suffisamment que les relations commerciales avaient été très fréquentes à cette époque. Il est fort probable, qu'outre des objets de trafic, ils reçurent par cette voie des notions de culte, d'industrie et d'art même. C'est ainsi que les arts utiles et les beaux arts, les traditions, les contes, les mœurs et les cultes se répandent d'un seul centre enfermant dans leurs cercles, toujours s'élargissant, des pays très reculés.

Dans cette sorte d'influence, qui s'exerce aujourd'hui encore par le commerce, par les voyages d'exploration il y a une forme particulière à observer. Les explorateurs abordent et parcourent de préférence des pays inconnus, situés loin de la sphère naturelle de l'action civilisatrice de leur pays natal. Ils y laissent partout quelque souvenir de leur passage, quelques impressions, quelques exemples qu'on retient. La migration des idées ressemble donc à la migration des plantes, que les oiseaux sèment à de grandes distances. Les oiseaux, cependant, sont bornés dans leurs voyages par les climats différents, obstacle que les idées seules surmontent.

Arrivé au terme de mes questions préliminaires, je me vois en opposition avec des savants célèbres aux plus justes titres. Mes opinions auront donc bien de la peine à se faire accepter, d'autant plus qu'on ne les jugera pas démontrées. Mais elles ne peuvent l'être que par l'application. Si les faits s'élucident mieux à l'aide de ces principes, c'est alors qu'ils seront vérifiés, démontrés. Ils demandent donc d'être appliqués à mille questions spéciales. Je les ai tirés des faits, je les ai aperçus en considérant l'histoire littéraire des peuples européens dans son ensemble, et je crois que ce point de vue est juste. J'ai tâché d'éclaircir le passé par le présent en les reliant par des lois psychologiques qui persistent. Chaque recherche conduite sans égard aux idées préconçues contribuera à les confirmer, je le crois, et j'espère aussi que l'essai suivant leur fournira un appui. Pour offrir plus de prise à la critique j'ai donné la forme de thèses aux titres de mes chapitres. C'est peut-être du choc des opinions contraires que jaillira l'étincelle de la vérité, et c'est à ce but que tend le présent travail.

Qu'il me soit permis en terminant de m'adresser au savant dont les paroles m'ont encouragé à soumettre mon travail au jugement de la science française. En analysant la dernière dissertation écrite sur l'origine du décasyllabe français, M. Gaston Paris a dit qu'il faut avant tout chercher le principe sur lequel la rythmique du moyen âge s'est établie. Je crois y voir déjà quelque hésitation en face des opinions exposées d'une façon si séduisante dans la lettre adressée à M. Léon Gautier. La largeur d'esprit et l'amour de la vérité du célèbre professeur étant connus, j'ose le prier de vouloir bien prendre sous sa bienveillante protection cet essai, où j'expose une nouvelle méthode destinée à expliquer les phénomènes en litige.

I

Le vers est issu de la proposition et le vers rythmique est né du vers syllabique.

Je voudrais me placer dès le commencement sur le terrain de la tradition établie, mais malheureusement nous n'en avons pas sur l'origine du rythme. Ce défaut est la cause de cette tendance au vague où nous sommes conduits par les hypothèses courantes. Je veux l'éviter autant que possible, tout en n'abandonnant pas la solution du problème qui nous attire par la difficulté qu'il présente, et par le mystère dont il est enveloppé. La solution n'en sera peut-être pas impossible à trouver, pourvu qu'on ne la cherche pas où elle n'est point. Je crois donc que ce n'est pas d'un sentiment général pour le rythme que celui-ci est né, mais d'une observation sensible qui s'est généralisée. Je crois que ce n'est pas partout qu'on est arrivé à la faire, mais bien dans un cas particulier. Le rythme a été une découverte ou plutôt une invention, et il faut qu'elle ait été faite comme toutes les inventions. Il me paraît probable enfin que cette observation sensible et particulière a été faite sur l'objet même où elle s'est développée le plus et le plus clairement, à savoir sur le vers.

L'origine du vers étant aussi obscure que l'origine du rythme, nous sommes en présence d'un nouveau problème. Vouloir tirer le vers de la musique c'est se charger d'un problème de plus. C'est sortir du crépuscule pour se plonger dans la nuit sombre, parce que notre ignorance sur l'origine de la musique est encore plus grande que sur celle du vers. La musique consistait originairement dans le chant, la musique instrumentale originaire ne faisait que répéter le chant en l'accompagnant, or, ce qu'on chantait c'étaient des vers. Loin de l'avoir engendrée, la phrase musicale s'est modelée sur lui. Nous verrons ce point démontré plus tard ; en attendant, remarquons qu'aujourd'hui encore c'est sur des paroles que le musicien compose sa mélodie et non pas le contraire. Je pense donc que la même relation entre la mélodie et la parole a dû toujours exister, parce que les relations psychologiques ne changent pas.

Après nous être défendus de la sirène musicale qui a déjà entraîné tant d'autres dans un précipice scientifique, nous pouvons marcher avec plus de sûreté sur le terrain des vers. La tradition littéraire nous a légué des vers métriques, des vers syllabiques et des vers irréguliers dont les auteurs ne savaient pas garder un nombre de syllabes déterminé. Nous nous trouvons donc en présence de formes de différents degrés de perfection. La forme la plus parfaite doit être jugée postérieure à celles qui le sont moins. La littérature grecque ne nous a malheureusement pas conservé les formes qui doivent avoir précédé l'invention des vers métriques, et qui n'y manquaient pas probablement. Créés avant l'usage de l'écriture, ces vers imparfaits furent abandonnés, ou refaits après l'invention des vers plus artistiques. Il faudra donc suppléer à ce défaut par des formes qu'on trouve chez d'autres peuples aryens, qui tous ont parcouru des voies, je ne dirai pas pareilles, mais analogues vers le perfectionnement, de manière que leurs vers, quoique plus récents quant à la date, ne laissent pas de représenter des degrés archaïques quant à la pensée, quant à l'art qui s'y manifestent. Ces raisons psychologiques nous permettent donc de placer les vers irréguliers au premier degré sur l'échelle de la perfection, les vers syllabiques au second, les vers métriques au troisième.

Il s'agit maintenant de trouver l'origine du vers irrégulier. Celui-là n'a pu sortir que de sa matière, de la langue même, de cette forme de la langue qui lui ressemble le plus, c'est-à-dire de la proposition. En effet, le parallélisme entre les vers et les propositions est manifeste dans les monuments les plus anciens de toutes les littératures. Ce parallélisme se maintient non seulement dans les vers syllabiques, mais encore dans beaucoup de vers métriques, dans les vers gnomiques par exemple. L'enjambement est un produit d'une époque postérieure où la mesure du vers fut fixée à ce point qu'on cherchait à éviter sa monotonie par un retour à l'allure naturelle du langage. L'exemple de Malherbe nous prouve cependant que la tendance vers un parallélisme entre les vers et les membres syntactiques est profondément enracinée en nous et nous est presque naturelle.

Il s'agit à présent de trouver la force, la cause première (n'en déplaise aux mécanistes) qui a amené la conversion de la proposition en vers. Selon Aristote, la cause première des phénomènes est en même temps leur but, et la philosophie n'a pas trouvé de vérité plus profonde. Le but des premiers vers était donc leur cause première et leur force motrice, qui n'a pu être que psychologique. Il faudrait donc savoir ce qu'étaient les premiers vers. Si nous nous en rapportons aux documents les plus anciens qui nous sont parvenus, ils consistaient en prières et en formules magiques qui s'adressaient aux noms divins. Or, la chose n'était pas facile. Il fallait connaître les dieux, il fallait savoir auquel demander telle chose, en quels termes il le fallait faire pour que l'offrande, la prière fussent acceptées, et que le suppliant ne s'attirât pas la colère de ces êtres puissants qui disposaient du tonnerre et d'autres armes terribles, car les dieux de ces temps-là étaient capricieux.

Il faut aussi ne pas oublier qu'on attribuait jadis aux paroles une singulière puissance, une force magique. Cela se manifeste dans les formules d'incantations que nous connaissons. Les paroles de l'incantation possédaient la force de faire disparaître le mal, d'attirer le bien, n'était-il pas indispensable qu'elles fussent disposées avec le plus grand soin ?

C'était l'affaire, la science du prêtre. Le peuple ne connaissait pas bien les dieux ni la manière de leur parler. La parole du peuple était alors aussi indolente que sa pensée, et sa pensée l'était tout comme elle l'est de nos jours. Ces choses-là lui étaient étrangères, il ne les méditait pas, et ceux-là mêmes qui, dans le peuple, s'y trouvaient portés devenaient précisément enchanteurs, prêtres : gens dominant par la parole. Nous voyons encore dans l'Iliade et dans l'Odyssée, combien l'on y estime le rare don du juste et clair langage, nous voyons comme les poètes tragiques grecs développent les harangues de leurs principaux personnages.

On peut avec assez de probabilité considérer les formules d'imprécation comme les premiers efforts faits pour ordonner la pensée et la langue en des formes réfléchies, et en cela tant soit peu artistiques. Leur caractère primitif est d'ailleurs attesté par leur forme rudimentaire. Nous y voyons le frère arvale implorer d'abord les *lares*, réputés les dieux les plus proches et les plus propices aux hommes : « *e nos Lases jurate* ». S'étant assuré de leur protection, il osait ensuite invoquer le redoutable Mars : « *Neve luerve Marmar sins incurrere in pleoris* », etc.[1]. Quoique probablement postérieure, quant à la date, aux hymnes grecs, la prière arvale ne laisse pas de représenter un état de formes antérieur, au point de vue psychologique, à tous les autres monuments aryens connus. La prière conservée par Caton[2] est déjà plus éloquente, plus développée, mais en vain voudrions-nous diviser l'une ou l'autre en vers

---

[1] Jordan, Kritische Beiträge. cfr. Westphal, Ueber die Form der ältesten römischen Poesie.
[2] De re rustica 141. cfr. Westphal, l. c.

plus ou moins réguliers, ce n'est qu'en propositions qu'elles se laissent démembrer.

Le second degré de composition de ce genre approchera d'une certaine égalité dans la longueur des propositions, l'inégalité trop apparente trahissant une négligence qui ne pouvait que nuire à leur effet. Je citerai comme exemple une des formules d'incantation connue sous le nom de *Merseburger Zaubersprüche*[1].

	Nombre de mots accentués :	Nombre de syllabes :
Phol ende Uodan vuoron zi holza	4.	10.
Du uuart demo Balderers volon sin fuoz birenkit	5.	14.
Thû biguolen Sinthgunt, Sunna era suister	5.	12.
Thû biguolen Friia, Volla era suister	5.	12.
Thû biguolen Uuodan, sô hê nuola conda.	6.	12.

En voici la traduction : Apollon et Odin se rendirent au bois; — là se démit le pied du poulain de Balder; — alors l'enchanta Sinthgunt et Sunna, sa sœur; — alors l'enchanta Friia et Volla, sa sœur; — alors l'enchanta Odin, qui savait très bien le faire. — Comme nous le voyons par le dernier vers, l'art de charmer y est considéré comme une science que personne ne possédait au même degré qu'Odin lui-même. Cette science se révèle, entre autres signes, par un arrangement plus soigneux des paroles. Chaque vers y contient une proposition achevée. L'auteur de ce charme, connaissant Apollon[2], possédait probablement quelque notion des vers latins, ce qui l'a aidé à donner à ses propositions une longueur à peu près égale. Il les agrémente même d'allitérations. Ainsi, quoique ces vers ne proviennent pas de l'époque antérieure au vers métrique, quant à la date, ils sont le produit d'un état de l'esprit correspondant à une époque très reculée chez les Grecs.

Au degré suivant les vers devraient s'approcher plus

---

[1] MUELLENHOFF und SCHERER, Denkmäler deutscher Poesie und Prosa aus dem VIII-XII Jhdt.

[2] C'est ainsi que les philologues allemands interprètent le nom Phol.

encore de cette égalité, qui est la condition de tout art. Cette égalisation avait pu consister dans un nombre égal de mots, qui sont de beaucoup plus faciles à distinguer dans la proposition que les syllabes. Rappelons-nous qu'on liait primitivement tous les mots dans l'écriture, ne s'arrêtant qu'à la fin de la proposition. On les liait, parce qu'on ne savait pas les distinguer. Les vers aux mots comptés auraient donc été un perfectionnement considérable.

Je pourrais me permettre de citer quelques vers saturniens comme exemple de vers réglés d'après le nombre de mots, d'autant plus que MM. Keller et Thurneysen ont émis une opinion semblable qui a été approuvée par M. Westphal.

    Malum dabunt Metelli   **Naevio poetae ;**
    Duello magno dirimendo   *regibus subigendis ;*
    Magnum numerum triumphat *hostibus devictis* etc.

Il est toutefois un point très important dans la théorie des savants cités ci-dessus que je n'accepte pas. Ils prennent le nombre d'accents pour base, moi le nombre de mots ; on verra plus loin pourquoi l'accent n'a jamais pu servir de base rythmique dans le vers de cette époque.

Le vers saturnien va nous arrêter encore un moment. Un bon nombre de philologues très savants persistent à le considérer comme un vers métrique, mais quelle que soit la règle métrique qu'ils lui imposent, il y a toujours plus d'exceptions que d'applications régulières. Il se peut pourtant que les saturniens ne soient qu'une vague imitation de vers grecs. Les grammairiens latins, très experts en fait de métrique : Caesius Bassus, Terentianus Maurus, Marius Victorinus, A. Fortunatianus nous l'attestent d'une manière positive. Peut-être que les poètes latins de l'époque saturnienne tâchaient, dans leur ignorance des pieds métriques, de s'approcher du vers métrique par le nombre de mots. Cela est d'autant plus possible, que nous retrouvons la même tendance, quelques siècles plus tard, chez Virgilius Maro, le représentant de l'école des rhéteurs toulousains à la fin du VI⁰ siècle. Voici ce que nous lisons dans sa troisième lettre : *de metris*[1] : « *Prosa quidem sunt per brevitatem, siculi in Ænea lectum sit :*

> Phoebus surgit, caelum scandit,
> Polo claret, cunctis paret.

Hi duo versus octo metra habent ; primum enim metrum PHOEBUS *est, secundum* SUROIT, *et sic per caetera phona* ». Il regarde donc les huit mots, dont se composent les deux vers, comme autant de membres, qu'il appelle mètres. Il est vrai qu'il compte aussi les syllabes en les appelant pieds : « *et ita duo hi collecti sedecim pedibus fulciuntur* », mais nous verrons plus loin qu'il construit encore d'autres vers sur la base du nombre de mots. Cette base rudimentaire est donc admissible, et c'est ce qu'il nous fallait prouver.

Pour arriver aux vers parisyllabiques il fallait savoir compter les syllabes. Si aisé que cela nous paraisse aujourd'hui il n'en était pas ainsi à ces époques. Nos sens, notre esprit n'arrivent à distinguer les éléments d'une donnée naturelle qu'à force d'exercices, par une expérience variée, et grâce au perfectionnement des sens et de l'esprit même. Otfrid, le fameux auteur du premier poème allemand, qui avait passé par une bonne école latine à Fulda, trouva néanmoins d'insurmontables difficultés à la composition des vers allemands syllabiques. Il nous raconte ses soucis dans un passage de sa lettre adressée à Luitbert, archevêque de Mayence, passage instructif à plus d'un égard. Nous y apprenons en même temps que les difficultés qui s'opposent à l'application des lettres aux sons d'une langue non encore écrite et barbare, sont des plus embarrassantes. Voici ce qu'il en dit : «*huius enim linguae (theotiscae) barbaries, ut est*

[1] ANGELO MAI, Auct. class., V.

inculta et indisciplinabilis atque insueta capi regulari freno grammaticae artis, sic etiam in multis dictis scripto est propter litterarum aut congeriem aut incognitam sonoritatem difficilis. Nam interdum tria u u u ut puto, quaerit in sono. Priores duo consonantes, ut mihi videtur, tertium vocali sono manente. Interdum vero nec A, *nec* E, *nec* I, *nec* U, *vocalium sonos praecavere potui, ibi* Y *graecum mihi videbatur ascribi. Et etiam hoc elementum lingua haec horrescit interdum, nulli se caracteri aliquotiens in quodam sono, nisi difficile, iungens. Patitur quoque metaplasmi figuram nimium, non tamen assidue, quam doctores grammatice artis vocant synalipham, et hoc nisi legentes praevideant, rationis dicta deformius sonant. Litteras interdum scriptione seruantes, interdum vero ebraicae linguae more uitantes quibus ipsas litteras ratione synaliphae in lineis, in quidam dicunt, penitus amittere et transilire moris habetur... Hic saepius* I *et* O *caetereque similiter cum illo vocales simul inveniuntur inscriptae, interdum in sono divisae vocales manentes, interdum coniunctae, priore transeunte in consonantium potestatem* ». On excusera la longueur de ce passage en raison de l'importance capitale du témoignage qu'il apporte sur le moment où une langue est sur le point d'être rendue pour la première fois par des lettres. Il n'existe nulle part un autre document semblable. Nous y voyons qu'il n'y a qu'un esprit discipliné déjà par une langue littéraire qui soit capable d'adapter des lettres aux sons d'une langue barbare. C'est ainsi que Cyrille, le premier écrivain slave, était un savant grec, c'est ainsi qu'Ulfilas, le traducteur de la Bible dans la langue gothique, était de race grecque et nourri de la science occidentale.

Avant d'ajouter quelques observations sur les vers d'Otfrid, j'en donnerai un échantillon :

	Nombre de syllabes:
Uuas líuto fílu in flízé,	8.
In mánagemo ágaléizé,	9.
Sie tház in scríp gikleiptín,	7.
Tház se íro námon breitín ;	8.
In buáchon mán gimeíntí	7.
Thio íro chúanheít!.	6.

L'auteur lui-même ne dit sur la forme de ses vers que les paroles suivantes: «*Non quo series scriptionis huius metrica sit subtilitate constricta, sed scema omoeoteleuton assidue querit*». Il pensait donc aux vers métriques, mais il ne se tenait pas à leur forme exacte ; il cherchait assidûment la rime.

Quelle était donc la forme de laquelle Otfrid voulait s'approcher ? Les vers riment par paires, on pourrait les regarder comme des vers brefs et les écrire comme je l'ai fait ici. C'est suivre l'opinion de M. Bartsch qui incline à y voir une imitation du dimètre iambique. La philologie allemande, en général, maintient toujours la doctrine de Lachmann pour qui les vers d'Otfrid étaient des vers longs «Langzeilen» avec quatre accents de chaque côté de la césure. Il voulait les rapprocher ainsi des vers longs allemands et anglo saxons à allitération, y voyant un vers germanique préhistorique. Je crois qu'il avait raison, mais seulement en partie. Ce sont des vers longs. Leur ressemblance avec les vers allemands et saxons à allitération est évidente, mais ni les uns ni les autres ne sont préhistoriques. Examinons d'abord les accents : Lachmann en a placé huit dans chaque vers long ; je les ai marqués dans les vers cités ci-dessus. Deux de ces accents tombent d'après les règles du fondateur de la critique littéraire allemande sur la rime, c'est-à-dire sur des syllabes toujours atones dans Otfrid, ils ne comptent donc pas, n'étant ni accents, ni ictus.

Les trois qui nous restent dans chaque hémistiche ne se placent pas avec facilité dans chaque vers. Il y a chez Otfrid des hémistiches qui ne comptent que cinq syllabes, dont quatre sont accentuées. Il y en a qui ne consistent qu'en un seul mot, souvent même non composé, qui toutefois est chargé de quatre accents par Lachmann. En voici quelques exemples tirés du premier livre d'Otfrid :

álawálténdán	I,	5,	23.
úngilóubigé	I,	4,	43.
únfórahténtí	I,	10,	16.

J'ajoute quelques exemples où l'hémistiche ne se compose que de quatre syllabes :

fúazfállónti	I,	5,	50.
máhtig drúhtín	I,	7,	9.
áltdúam súaráz	I,	4,	2.

C'est une étrange manière d'accentuer, qui n'est ni antique, ni moderne, et qui ne suit ni les règles de la langue, ni celles d'une versification rythmique raisonnable. La rythmique basée sur un tel mode d'accentuation ne peut être elle-même qu'étrange, j'ose le dire. C'est pourtant de là qu'est sortie la théorie d'une rythmique fondée sur l'accent, qu'on pourrait appeler préhistorique, et qu'on applique aujourd'hui non seulement à la versification du moyen âge, mais aux vers saturniens, aux vers aryens préhistoriques en général [1] et même aux vers sémitiques. Lachmann y fut entraîné par les signes d'accents qu'on trouve dans les manuscrits du poème d'Otfrid, et qu'on suppose avoir été placés par l'auteur lui-même. Mais les accents d'Otfrid ne s'accordent nullement avec les règles de Lachmann. Ils sont destinés à prévenir une contraction inadmissible, un déplacement des accents dans la prononciation, dans la lecture, le manuscrit présentant une «*scriptio continua*». Souvenons-nous de la plainte d'Otfrid : «*Propria lingua vitium generat pene per singula verba*». Il est certain, qu'Otfrid

---

[1] Usener, Altgriechischer Versbau, 1887, p. 68.

lui-même ne pensait pas à une rythmique fondée sur l'accent, et il serait très étonné de voir Lachmann lui attribuer une douzaine de règles accento-quantitatives, dans lesquelles l'accentuation naturelle de la langue est fortement violée. Il faut que je le répète encore ici, en renvoyant le lecteur à un des chapitres suivants: l'accent n'a pas pu servir de base rythmique au temps d'Otfrid.

Le moine de Wissembourg a dès l'abord renoncé à toute subtilité métrique : « *Non quo series scriptionis huius metrica sit subtilitate constricta, sed scema omoeoteleuton assidue querit*», dit-il, il ne cherche que la rime, et il est très probable qu'il a suivi, quoique de loin, quelque modèle latin que nous aimerions connaître. M. Bartsch penche pour le dimètre iambique, ce qui semblerait admissible si une assez forte difficulté ne s'y opposait, à savoir, que les dimètres n'avaient pas encore au neuvième siècle la rime constante et obligatoire [1], tandis que les hexamètres furent dotés de la rime intérieure d'assez bonne heure. Citons la définition de l'homoeoteleuton donnée par Bède: «*Homoeoteleuton, id est similis terminatio, dicitur quotiens media et postrema versus, sive sententiae simili syllaba finiuntur.., Hac figura et poetae et oratores saepe utuntur, poetae hoc modo :*

Pervia divisi patuerunt caerula ponti.

L'auteur anglo-saxon déclare donc que l'homoeoteleuton se rapporte surtout à la consonance finale avec la consonance du milieu du vers ou de la proposition, d'où je conclus qu'Otfrid imitait les hexamètres léonins, mais sans aucune autre règle que la rime intérieure et finale, la tâche qu'il s'imposa n'ayant pas été moins lourde pour cela. Cela explique peut-être la variabilité du nombre de syllabes dans ses vers et ses hémistiches.

Dans le passage sur Otfrid, qui précède, j'ai fait entrer

[1] Voy. cependant BOUCHERIE, Mélanges latins et bas-latins.

quelques questions secondaires que j'aurais mieux fait d'omettre ici pour m'en occuper plus tard, mais craignant de ne pas y arriver, j'ai mieux aimé m'arrêter sur ma route que de les passer sous silence. J'ai compté sur l'indulgence du lecteur, dont je n'abuserai plus.

Les poètes allemands qui imitèrent le vers octosyllabique des romans français ne parvinrent pas à donner à leurs vers un nombre de syllabes déterminé. Cela les gênait trop probablement. En voici la règle exprimée par un rimeur du quatorzième siècle [1] :

> Ouch ich diss getichniss rim
> Uef die zal der silben zûne,
> Sechse, sibene, achte, nûne.

Il rime son écrit, dit-il, sur le nombre des syllabes, dix, six, sept, huit ou neuf. Le seul rythme qu'on donnait à ces vers consistait donc dans la rime.

Je crois que ce degré inférieur de composition du vers est suffisamment éclairci, et nous pouvons passer au degré suivant où les vers sont déjà ramenés à un nombre de syllabes déterminé. Il me paraît hors de doute que cela a été un pas vers la perfection, très important et difficile à faire. Aussi les mêmes vers allemands, dont nous parlions tout à l'heure, n'y furent portés qu'au seizième siècle. Il serait superflu d'ajouter que d'autres nations atteignirent à cette perfection de bien meilleure heure.

Le chemin que nous avons parcouru est assez considérable. De la forme la plus rudimentaire, qui ne se distinguait en rien de la proposition, nous sommes déjà arrivé aux vers tout à fait réguliers. Cette dérivation se présente presque comme naturelle et la seule possible. Nous pouvons néanmoins l'appuyer de la grande autorité de Quintilien, qui paraît avoir eu une idée semblable sur l'origine des vers, quand il dit: «*Sicut poëma nemo dubitaverit imperito quidam initio fusum, et*

---

[1] NICOLAUS VON JEROSCHIN, Reimchronik, 294-96. cf. 247-255.

similiter decurrentium spatiorum observatione esse generatum[1].... »

Mais nous ne sommes pas encore arrivés aux vers rythmiques. Souvenons-nous, pour nous en approcher, combien était fin le sentiment que les peuples antiques possédaient de la durée des syllabes. « *In versu quidem tota theatra exclamant, si fuit una syllaba aut brevior aut longior* ». Le public ne connaissait pas les règles de la quantité : « *Tamen omnium longitudinum et brevitatum in sonis iudicium ipsa natura in auribus nostris deposuit* ». Voilà ce qu'atteste Cicéron[2], parlant du public romain. Les Grecs y étaient plus sensibles encore d'après le témoignage de Denys d'Halicarnasse[3]. L'alphabet sanscrit marque chaque voyelle longue et brève de signes différents, l'alphabet grec fait la même distinction pour les sons *e* et *o* ; les Romains tentèrent d'introduire dans leur orthographe un signe de longueur (*apex*) et quoique cette tentative n'ait pas réussi, nous savons néanmoins que la différence entre les voyelles longues et brèves était très marquée dans la prononciation romaine.

Supposons maintenant qu'à une époque où on était déjà très exercé dans l'art de compter les syllabes du vers, un esprit inquiet et avide de perfection ait rencontré par hasard un vers composé tout entier de syllabes longues. Cela eût dû le choquer, parce qu'un tel vers paraissait à l'oreille plus long que les autres et, à cette époque on saisissait les vers presque exclusivement par l'ouïe. Cette réflexion, que nous supposons avoir été faite à un moment où la longueur et la brièveté des syllabes étaient encore très accusées, ne doit pas être jugée improbable, puisqu'elle fut réellement faite et énoncée beaucoup plus tard, alors que cette qualité du langage n'é-

---

[1] De oratoria institutione, l. IX, c. IV.
[2] Orator, 51.
[3] De comp. verborum, XI, 72,73.

tait plus également apparente. Nous la trouvons dans *Las Flors del gay saber*[1] : « *Quar si tu pauzas un bordo d'aytals sillabas o dictios retardivas* (l'auteur parle de syllabes longues par nature ou par position) *et aprop aquel un autre de planas, la us sera vists plus loncs que l'autres oa vesetz ayssi* :

>Philips es bels reys, casts, francs, pros.
>Am cor humil e piatos.

Et en ayssi vesetz que fan aspra sonoritat entre lor e retardo la votz et la pronunciatio en tan que fan dessemblar lo compas dels bordos per la plus longa demora quom fay en la una que en l'autre ». C'est ainsi qu'à des époques différentes peuvent se rencontrer sur le même sujet les mêmes réflexions.

Un vers qui, par accident ne contiendrait que des syllabes brèves, aurait dû faire une impression tout à fait contraire. Le pas qui nous sépare encore d'une alternance régulière des syllabes longues et brèves n'était plus difficile à faire pour un esprit sagace et créateur. Il pouvait espérer qu'un hymne composé de cette manière plairait infiniment mieux à Zeus, et à tous les dieux, que les autres construits d'une façon plus négligée.

En vérité, force nous est, à nous-même, de trouver belle l'impression que produit cette alternance régulière des syllabes longues et brèves. Nous y voyons cette égalité des parties qui semble constituer la condition primitive de tout art, et en outre une configuration de ces parties qui forme le trait caractéristique à chacune d'elles. Ce que nous appelons rythme se révèle plutôt dans l'alternance régulière de syllabes longues et brèves, c'est-à-dire dans la configuration de ces parties que dans leur égalité. Mais le rythme ne consiste-t-il que dans cette égalité et cette alternance ?

Il ressort assez clairement de ce que j'ai avancé dans les questions préliminaires que je suis disposé à regar-

---

[1] Ed. GATIEN-ARNOULT, I, 64.

der la notion du rythme comme un produit de l'esprit grec, puisqu'elle ne se retrouve pas même dans la littérature sanscrite, si célèbre par ses grammairiens d'une sagacité peu commune. Ce sont aussi les Grecs qui créèrent tout un système rythmique et le portèrent à un développement qui n'a jamais été surpassé depuis. Toutes les nations modernes ne possèdent que le mot grec pour une idée, qu'elles ont puisée à la même source. Cherchons donc avant tout quelle notion possédait ce peuple unique touchant ce point de l'art.

Nous lisons chez Denys d'Halicarnasse[1] : « Κατὰ δὲ τὰ μήκη καὶ τὰς βραχύτητας τάττεται ὁ χρόνος· οὗτος δὲ γίγνεται ῥυθμός ». On ajuste le temps, dit-il, selon la longueur et la brièveté, et c'est cela qui donne naissance au rythme. La définition donnée par Phaedrus et rapportée par Bacchius[2] est plus explicite encore : « Κατὰ Φαῖδρον, ῥυθμός ἐστιν συλλαβῶν κειμένων πῶς πρὸς ἀλλήλας ἔμμετρος θέσις ». Le rythme est représenté ici directement comme l'alternance réglée des syllabes longues et brèves, et ce qui est plus remarquable : Phaedrus paraît n'avoir connu que le rythme syllabique. La définition que nous donne Aristide Quint.[3] s'accorde avec les précédentes et surtout avec celle de Denys d'Halicarnasse ; il dit : « Ῥυθμός ἐστι σύστημα ἐκ χρόνων κατὰ τινὰ τάξιν συγκειμένων » ; le rythme est un système de diverses durées de temps, mises dans un certain ordre. Voilà ce que nous trouvons dans toutes les définitions du rythme que nous a léguées l'antiquité. Partout on le représente comme un système, nous pourrions dire comme une alternance des temps ou des syllabes longs et brefs. On y parle de temps ou de syllabes ; le dernier cas est rare et nous serons obligés plus tard de rechercher la cause de cette intéressante distinction.

[1] De admirabili vi dic. Demost, c. 48.
[2] Ed. Meibom, p. 22.
[3] Ed. Meibom, p. 31.

Arrivés au vers rythmique, après être sortis de la proposition, nous rejoignons de nouveau Quintilien, qui termine d'une manière remarquable l'énonciation déjà citée plus haut : « *Sicut poema nemo dubitaverit imperito quidam initio fusum, et similiter decurrentium spatiorum observatione esse generatum — mox in eo repertos pedes*». En trouvant le pied on a trouvé le rythme, car le rythme est donné par le pied : « *Idem vero pedem et rhythmum voco*», dit Denys d'Halicarnasse [1].

Nous pourrions encore toucher ici à une question, à savoir quel pied rythmique a été remarqué le premier. Selon la tradition grecque, qui regardait l'hexamètre comme le mètre le plus ancien [2], ce fut le pied dactylique, mais en vérité il n'en a pu être ainsi. Le vers syllabique une fois admis comme condition psychologique indispensable pour la création du vers rythmique, le dactyle perd sa propriété, parce qu'il est susceptible d'être contracté en un spondée déjà fréquent dans Homère. Il se montre donc un peu éloigné du principe syllabique et doit céder sa priorité au trochaïque ou ïambique, qui admet une concordance plus constante avec le nombre exigé de syllabes. Supposons que ce soit le pied trochaïque ; on trouva alors le pied ïambique par l'inversion du trochée, puis le dactyle par l'élargissement du trochée, l'anapeste par l'inversion du dactyle, etc. Toutefois je ne tiens que faiblement à cette supposition, qui n'est pas d'accord avec la tradition grecque ; en la présentant je ne voulais que placer la création de divers genres des pieds rythmiques sur le terrain de l'art et de l'invention consciente. Mais j'ai le droit d'insister davantage sur ce fait, que ni la rythmique grecque, ni celle des Romains n'admettaient de rythme continuel en pyrrhiques, en tribraques ou en procé-

---

[1] De comp. verborum, 219
[2] Christ, Metrik, I, p. 304.

leusmatiques. En furent également exclus les spondées, les molosses, en un mot, tous les pieds qui ne contenaient pas l'alternance des syllabes longues et brèves. Il faut donc bien que le rythme classique se caractérise surtout par cette alternance. Nous y avons une égalisation des parties et en même temps une configuration de ces parties, configuration caractéristique pour cet art spécial. Y entre-t-il encore d'autres éléments, comme on le soutient généralement ? Le rythme antique en avait-il besoin ? Ce sont autant de questions que nous allons examiner dans les chapitres suivants.

II

Le mètre n'était originairement qu'une mesure, un terme fixe du rythme.

Une des plus graves erreurs de la philologie moderne consiste à chercher pour la métrique ancienne un autre principe que pour sa rythmique. Une suite déterminée de pieds ou de groupes de syllabes longues et brèves, voilà un mètre, dont le rythme est formé par l'ictus, qui marque le temps fort de chaque pied, son arsis, dit-on. Nous venons de voir dans le chapitre précédent, que ce qu'on suppose être essentiel au mètre, l'avait été plutôt au rythme. C'était bien la rythmique antique qui avait pour principe la quantité de syllabes, l'alternance des syllabes longues et brèves. Il nous faut donc examiner maintenant ce qu'est le mètre et le rôle que remplissait l'ictus dans la métrique ou dans la rythmique ancienne.

Le pied appartient aussi bien à la métrique qu'à la rythmique, mais pour parler plus exactement, il n'appartient proprement qu'à la rythmique.

Denys d'Halicarnasse nous a dit déjà : « *Idem vero pedem et rhythmum voco* ». « *Pes igitur est pars totius rhythmi, per quam totum percipimus* », dit Aristide Quint.[1]. « *Pes sine rythmo esse non potest* », c'est-à-dire, sans l'alternance des syllabes longues et brèves, enseigne Marius Victorinus[2].

Le caractère du mètre s'accuse par son nom ; le mètre n'est qu'une mesure du rythme : «Τὰ γὰρ μέτρα ὅτι μόρια

---

[1] Ed. Meib., p. 34.
[2] Gram. latini, ed. Keil, VI, p. 374.

τῶν ῥυθμῶν ἐστί, φανερόν» ; il est évident que le mètre n'est qu'une partie du rythme, dit Aristote [1].

« Διαφέρει ῥυθμὸς μέτρου τῷ τὸν μὲν γενικώτερον εἶναι τὸ δὲ μέτρον ὑπάρχειν εἶδος τοῦ ῥυθμοῦ» : le rythme diffère du mètre en ce que le premier est le générateur du genre dont le second n'est que l'espèce, dit Suidas [2].

«Μέτρου πατὴρ ῥυθμός», le père du mètre, c'est le rythme, dit Longin [3].

« *Metrum, systema ad longitudinem mediocrem, diferre a rhythmo, ut a toto partem; sectionem enim rhythmi metrum dicunt* », dit Aristide Quint. [4].

« *Rhythmis libera spatia, metris finita sunt, et his certae clausulae, illi quo modo coeperant, currunt usque ad metabolen, id est, transitum in aliud genus rythmi* », dit Quintilien [5]. Le sens de cette proposition est qu'un mètre contient toujours un nombre déterminé de pieds, tandis que le rythme, fondé sur le même pied, peut dépasser ce nombre à volonté jusqu'à ce qu'il se change en un rythme fondé sur un autre pied.

« *Nihil est enim inter rhythmon et metron nisi quod rhythmos est metrum fluens, metrum autem sit rhythmos clausus* », dit Charisius [6].

« *Vides*, dit Saint-Augustin s'adressant à son élève [7], *quam recte utrumque nomen his rebus sit impositum; nam quoniam illud pedibus certis provolvitur, recte appellatus est rhythmus, id est numerus ; sed quia ipsa provolutio non habet modum, nec statutum est in quoto pede finis aliquis emineat, propter nullam mensuram continuationis non debuit metrum vocari. Hoc autem utrumque habuit, itaque non solum me-*

---

[1] Περὶ Ποιητικῆς, c. IV.
[2] Vincent, Notices et extr. des manusc., p. 198.
[3] Fragm. III.
[4] Ed. Meib. p. 49.
[5] Inst. or., IX., c. IV. rec. Halm, p. 178.
[6] Gram. lat. I., p. 289.
[7] De Musica, III, Patrologia, t. XXXII.

trum propter insignem finem, sed etiam rhythmus est propter pedum rationabilem connexionem. » Nous voyons dans chaque mètre un enchaînement raisonné de pieds, or c'est bien ce qu'il tient de la rythmique, tandis qu'il n'est mètre que «*propter insignem finem*».

Citons encore Diomède [1] : « *Distat enim metrum a rhythmo, quod metrum certa qualitate ac numero syllabarum temporumque finitur, certisque pedibus constat ac clauditur, rhythmus autem temporum ac syllabarum pedumque congruentia infinitum multiplicatur ac profluit.* »

La même doctrine nous est présentée dans les Fragmenta Parisiana [2] : « *Dicimus autem rhythmum esse, ubi tantum legitimi pedes sunt e nullo modo certo fine; metrum esse, ubi pedes legitimi certo fine coercentur.*

Ce n'est pas sans raison que j'ai réuni ces témoignages. D'abord ils ont plus de force que les suppositions des philologues, puis leur unanimité résout la question d'une manière décisive : il n'existe pas de différence de principe entre le mètre et le rythme, au contraire, le mètre n'est ici que ce qu'il est ailleurs, une mesure, une certaine coupure. Tous les caractères que les philologues attribuent généralement à la métrique sont précisément ceux qui appartiennent à la rythmique.

Exposer la théorie entière sur le rythme, comme nous la trouvons dans Aristide Quint, par exemple, sur le χρόνος, les pieds et les différents genres de leur διαφορά: κατὰ μέγεθος, c'est-à-dire sur les pieds de trois, quatre ou cinq temps; κατὰ γένος (2:2; 2:1; 3:2), κατὰ ἀντίθεσιν (— ◡ | ◡ —; — ◡ ◡ | ◡ ◡ —; — ◡ ◡ | ◡ ◡ —), κατὰ τὸ σχῆμα (— ◡ ◡ = ◡ ◡ ◡ ◡ = — —etc.), κατὰ σύνθεσιν (sur les pieds composés), κατὰ διαίρεσιν, c'est-à-dire, la différente manière de division des pieds composés, tout cela

---

[1] Gram. lat., I, p. 474.
[2] Gram. lat., VI, p. 631.

n'entre pas dans le cadre du présent travail et peut être supposé connu[1]. On voit qu'il ne s'agit ici que de préciser la vraie relation entre le rythme et le mètre. Les anciens semblent s'être représenté le rythme comme un long ruban, ou une chaîne composée d'anneaux égaux, c'est-à-dire de pieds rythmiques égaux, et le mètre comme une partie déterminée de cette chaîne. Mais cette manière de voir n'est qu'une généralisation théorique postérieure. Le rythme est le genre dont les différents mètres ne sont que des espèces : toutefois ce n'est pas le ruban rythmique qu'on inventa le premier, mais plutôt le mètre fourni par le vers syllabique qui lui avait servi de base, et dans lequel on a remarqué, pour la première fois, des pieds rythmiques. Supposé que ce pied ait été le pied iambique, on s'était construit une chaîne d'iambes dont on a pu couper six membres ou un senaire, quatre membres ou un dimètre, trois et demi ou un dimètre catalectique, et ainsi de suite.

En réfléchissant sur la forme du mètre ou du vers le plus ancien, nous nous trouvons en présence d'une théorie qui rattache le vers originaire à la longueur d'une haleine, et qui cherche ainsi la résolution d'un problème historique sur le terrain physiologique[2]. Nous acceptons volontiers qu'aucun vers ne doit dépasser la longueur d'une respiration, mais cette condition laisse l'étendue du vers encore bien incertaine. L'hendécasyllabe, aussi bien que le senaire ou le tétramètre y trouvent leur place. Mais auquel donc de ces vers donner avec certitude la première place? M. Becq de Fouquières veut que ce soit l'alexandrin français, parce qu'il répond exactement à la condition respiratoire. Nous, qui nous tenons surtout à la tradition historique, nous n'avons à choisir qu'entre le senaire, le tétramètre ou l'octonaire et l'hendécasyllabe. Le dernier, qui est apparemment plus récent que les autres peut être exclu dès l'abord, il ne reste donc

[1] Christ, Metrik.
[2] Becq de Fouquières, Traité général de versification française.

que le senaire et le tétramètre (l'octonaire). Tous les deux remplissent assez bien la longueur d'une respiration, et si l'un la remplit plus complètement, l'autre pourrait être regardé comme plus commode à réciter. Ce principe ne nous explique donc rien.

Quel est donc le vers primitif? Les anciens semblent opter pour le senaire, à en juger d'après les paroles suivantes de Terentianus Maurus [1].

> Hexametros tradit genitos duo prima vetustas;
> Herous ille est, hunc vocant iambicum,
> Nam pedibus senis constare videmus utrumque.

Il est intéressant de voir l'hexamètre envisagé ici comme un senaire. En vérité, il me paraît possible que l'hexamètre ait pu se former sur un senaire trochaïque, dont il garde encore le dernier pied et la césure principale, analogue à celle du senaire iambique. C'est peut-être, pour avoir été transformé en senaire dactylique, qu'il disparut lui-même de la versification gréco-romaine.

Mais la césure des deux senaires qui se trouve au milieu d'un pied me paraît être plus artificielle, et par cela même plus récente. Celle du tétramètre, qui se trouve, à la fois, à la fin du pied et du mot, peut pour cette raison être considérée comme plus naturelle, comme primitive. Elle se rapproche davantage de la construction naturelle de la proposition dont nous tirons l'origine du vers en général. La proposition se divise naturellement en deux membres : le sujet avec ses compléments et le prédicat avec les siens; aussi n'y a-t-il pas de vers qui contienne plus de deux cola : «*Omnis autem versus* κατὰ τὸ πλεῖστον *in duo cola dividitur*», dit Marius Victorinus [2]. Mais il y a des propositions qui ne sont pas assez pleines pour être divisées

---

[1] Gram. lat., VI, p. 372.
[2] Gram. lat. VI, p. 54.

en membres, ainsi y a-t-il des vers sans césure. Cette analogie, sans être décisive, accuse pourtant une ressemblance assez étroite entre les propositions et les vers, pour qu'on soit logiquement forcé de regarder les vers comme des propositions ramenées à l'égalité de mesure.

Considérant la rythmique comme appartenant à un autre ordre de phénomènes que la métrique, la philologie exigeait un principe distinct pour la rythmique. Ce principe, on déclara l'avoir trouvé dans l'*ictus*. On en assigna un à chaque *arsis* (c'est ainsi, au lieu de l'appeler *thesis*) du pied métrique. On lui trouva un caractère semblable à l'accent naturel du langage, selon l'expression de M. Christ qui, lui même, si discret qu'il soit, n'a pas su se défendre de tomber dans l'erreur généralement reçue. Il nous enseigne : «*Der künstliche Versictus war gewiss auch bei den Griechen mit dem natürlichen Accent der gewöhnlichen Rede verwandt*»[1]. Nous allons voir qu'il n'en était pas ainsi. La thesis était généralement formée par une syllabe longue, et ressortait par elle-même assez distinctement, pour n'avoir pas besoin d'un renforcement ictique qui eut rendu sa prononciation désagréable et rude.

Ce qui importe, c'est que les anciens eux mêmes ne disent rien d'un ictus vocal. Les nombreuses définitions du rythme que nous avons rapportées n'en contiennent aucun indice. Mais comme c'est dans l'arsis qu'on le suppose contenu, il nous faut donc examiner ce qui en est. Nous lisons dans Bacchius jun.[2] : «*Quam dicimus esse arsin, sive elevationem? cum pes est sublatus, ubi incedere voluerimus; quam positionem, sive thesin? cum est depositus*. La même définition se retrouve dans presque tous les rythmiciens de l'antiquité, qui tous rapportent les mots techniques : *arsis* et *thesis* au mouvement

---

[1] Metrik, p. 5.
[2] Meibom, p. 23.

du pied ou du doigt avec lequel on battait la mesure. Nous y retrouvons même le mot *ictus*, mais avec un rapport direct au même mouvement du pied ou du doigt. Terentianus Maurus explique : « *Pollicis sonore vel plausu pedi discriminare qui docent artem solent*».Quintilien dit bien avant lui: «*Et pedum et digitorum* ICTU *intervalla signant* [1]. Les expressions : « Βαίνεται ὁ ῥυθμός, *scanditur, percutitur*» se rapportent uniquement au mouvement des pieds ou des doigts. Cette signification de l'arsis fut reconnue déjà au commencement du siècle dernier par Capperonnier, professeur de littérature grecque à Paris. Voici en quels termes il en parle dans son excellente et vraiment savante édition de Quintilien : *Ex quibus patet* τὴν ἄρσιν *apud rhythmicos usurpari de pedis manusve sublatione in moderandis musicae numeris* (vulgo : en battant la mesure) *non autem de vocis ipsius elatione, ut multi recentiori perperam explicarunt* [2]. Or il me paraît inadmissible de faire exécuter aux anciens par la bouche ce qu'ils faisaient avec le pied.

Les productions choriques surtout exigeaient un fort battement de la mesure, afin d'obtenir des exécutants un ensemble parfait, il était aussi nécessaire aux écoliers et aux solistes pour s'accoutumer à l'égale mesure des pieds rythmiques. Quant à la prononciation vocale, il fallait qu'elle marquât distinctement la longueur et la brièveté, parce que c'était dans cette alternance que consistait le principe de la rythmique ancienne.

On marquait une partie de chaque pied rythmique par l'élévation du pied ou du doigt, l'autre partie par leur abaissement et, d'après la règle, l'abaissement ou *thesis* correspondait à la partie qui contenait les syllabes longues, l'élévation à la partie soutenant les syllabes brèves. Mais enfin il était indifférent que telle ou telle

---

[1] Inst. or., IX, IV.
[2] Parisiis, 1725, p. 597, note 207.

partie fut signée de telle manière pourvu qu'on battît la mesure. Aussi trouvons-nous que quelques rythmiciens changent la signification des noms, en appelant *arsis* la première partie de chaque pied, *thesis* la seconde sans tenir aucun compte des longues ou des brèves qu'elles pouvaient contenir. On pouvait même indiquer par un *ictus* les deux parties de chaque pied et cette manière de battre la mesure est non seulement attestée par certains rythmiciens, mais elle se maintint dans la rythmique byzantine, et jusqu'à nos jours dans les chants liturgiques grecs où l'on marque par un frappé plus ou moins prolongé chaque syllabe de l'hymne [1].

Il est des philologues, comme Bentley, Ritschl, Huemer, qui s'efforcent de nous démontrer que les anciens cherchaient à réunir l'ictus métrique avec l'accent naturel, Christ paraît être du même avis. Lucien Mueller nous déclare au contraire que les anciens cherchaient à ne pas laisser coïncider l'ictus avec l'accent. Comment accorder des opinions si contraires ? En rejetant les unes et les autres. Car supposons que la syllabe thétique soit marquée par un ictus, et que celui-ci ressemble à l'accent naturel, et comptons maintenant les ictus et les accents dans les pieds du vers suivant :

Ὣς ἄρ ἔ | φη, Τρῶ | ες δὲ μά | λα σχεδὸν | ἔλυθον | αὐτῶν.

Le premier pied contient trois accents et un ictus, en somme trois ictus ou trois accents, puisqu'il n'y a pas de différence phonétique entre eux; le troisième pied nous en présente trois également — or quel rythme cela donne-t-il ? Cet entassement se retrouve presque dans chaque vers, qui tous cependant resteront irréprochables au point de vue rythmique si nous osons rejeter l'ictus, et si nous admettons que l'accent n'avait rien de commun avec le rythme. Comme le dernier point sera le sujet du chapitre suivant je n'insisterai pas davantage.

---

[1] Christ, Anthologia, Préface. — Westphal: Griechische Rhythmik, 1885, § 24.

Rien donc dans la théorie rythmique de l'antiquité ne justifie la supposition d'un ictus vocal. Examinons maintenant les raisons sur lesquelles les inventeurs ont échafaudé leur théorie. Il faudrait ici remonter jusqu'à Bentley, qui pourtant n'en a parlé qu'incidemment. Godfried Hermann, le véritable auteur de la doctrine, l'a exposée dans ses *Elementa doctrinae metricae*[1]. Il y procède d'une manière purement déductive, il veut nous convaincre par la force de sa logique. En le suivant sur son propre terrain, qu'il me soit permis d'accompagner ses raisonnements de mes réflexions, parce qu'autrement les erreurs qui s'y cachent seraient plus difficiles à indiquer.

«*In effectorum serie*», dit-il, «*quum prima atque absoluta caussa ea sit, quae illa serie non continetur, sed aliunde accedit, ideoque non ut effectus, sed tantum modo ut caussa apparet ; caussa autem omnis quae tantum ut caussa, non etiam ut effectus consideratur, in vi aliqua sit posita : apertum est, caussam absolutam non nisi in vi aliqua cerni posse.* D'après lui la cause d'une série d'effets est toujours hors de cette série, et il faut toujours la chercher dans une force quelconque. Il a seulement oublié que la force ne se manifeste que par ses effets, et que hors de ses effets elle est insaisissable, elle n'existe même pas.

«*Quod si qui sunt numeri, qui initium habere videantur, in ipsis aliquid reperiatur necesse est, quod indicium faciat initii*». Les rythmes, dit-il, se caractérisent parce qu'ils ont un commencement ; il faut donc qu'ils contiennent un indice de ce commencement. On conviendra que cette phrase, bien que latine, n'a pas le sens commun. Tout, indistinctement, a un commencement, et de même que nous n'avons pas besoin d'un indice du commencement d'une maison ou d'une rue, nous ne saurons jamais comprendre pourquoi les

---

[1] Ed. de 1816, p. 9.

rythmes en auraient besoin, s'ils sont quelque chose. Remarquons encore que cette proposition joue le rôle d'une mineure d'un syllogisme, dont la majeure porterait sur la force qui doit être toujours hors de son effet. Or ces deux propositions n'ayant pas de membre commun ne sont pas admissibles comme prémisses. Néanmoins le savant allemand ne laisse pas de conclure : « *Itaque in numeris illis vis aliqua absoluta reperiatur necesse est, quod indicium faciat initii* ». Cette conclusion n'est qu'une répétition de la phrase précédente, et partage la faiblesse de son fondement. Godfried Hermann prend maintenant les trois phrases citées comme des prémisses, et il en tire cette nouvelle conclusion : « *Ita est autem. Nam numeros ita demum videmus initium habere, si quem* ICTUM *vocamus in iis animadvertimus, quo manifesta fit in una aliqua numeri parte vis quaedam, quae a caeteris abest* ». C'est-à-dire : si nous marquons le commencement d'un rythme par l'ictus, alors ce commencement sera marqué, et les autres parties ne le seront pas.

Cela est vrai, mais peu profond. Si nous mettons un ictus dans un rythme, alors il y aura un ictus, voilà ce que l'auteur s'est donné la peine de prouver, mais il a pris un rythme comme donné, il a fait une pétition de principe.

Ayant trouvé le commencement : «*Invento initio*», l'auteur se met à chercher la fin : «*de fine queri potest. Quae res nihil habet difficultatis. Illud tempus, in quo ictus est, R. Bentleius arsin, tempora autem ea, quae carent ictu, thesin vocavit, ducibus Prisciano et Martiano Capella* ». Nous savons déjà que c'est une doctrine sophistiquée qui ne trouve aucun appui dans la théorie antique. Guidé par son invention de l'ictus, le philologue allemand va encore plus loin, il rejette les rythmes qui commencent par des syllabes brèves, à savoir le rythme iambique et l'anapestique en les ramenant au rythme trochaïque et au dactylique avec des « *anakrusis* » inventées à propos. C'est une destruction du système rythmique des anciens. C'est lui aussi qui a imaginé les accentuations comme *míseria, famíliam, tétigeris, rédiero*[1]. Il est clair enfin que Godfried Hermann, aussi bien que son prédécesseur R. Bentley, ignorent la vraie théorie antique sur le rythme et la remplacent par une doctrine imaginée *à priori*, arbitraire, qui n'est fondée que sur des sophismes.

Il reste à expliquer comment de vrais savants, car ils l'étaient sans doute tous les deux, ont pu tomber dans des erreurs si graves. D'abord ils n'ont pas remonté jusqu'aux sources, et ensuite ils ont établi leur doctrine d'après les notions modernes du rythme.

Il faut distinguer dans la rythmique moderne deux courants séparés, l'un dans la versification, l'autre dans la musique. Tous les deux dérivent de la rythmique ancienne, comme nous le verrons plus tard, mais ils se sont différenciés suivant le différent sujet auquel ils s'appliquent. Parlons d'abord de la rythmique dans la versification moderne, qui n'est parfaite que là où il s'agit d'imiter les pieds antiques. Ce sont les Allemands qui ont réussi à créer, dans leur poésie, des vers réguliers iambiques, trochaïques, dactyliques etc. Les syllabes atones remplacent ici les brèves, les syllabes accentuées les longues antiques. Elles les remplacent à un titre assez juste, parce qu'en général, je dis: en général, l'accent moderne prolonge la syllabe tonique, non-seulement dans la langue allemande, mais dans toutes les langues européennes. Donc il ne remplace pas l'ictus antique mais bien la longue antique. Encore faut-il remarquer que la versification métrique allemande, bien qu'utile dans la traduction des poésies antiques, ne s'est pas popularisée dans la poésie nationale allemande, tant le sentiment artistique se refuse à reconnaître un principe arbitraire et hétérogène au fond. Néanmoins séduits par cette pro-

---

[1] L. c., p. 61.

priété que possède l'accent moderne de se prêter à la configuration des pieds rythmiques, beaucoup de philologues s'efforcent, mais à tort, de l'introduire comme principe dans la rythmique originaire. Quant à l'ictus, les vers modernes n'en contiennent aucune trace.

Il en est autrement dans la musique. Notre rythmique moderne musicale diffère de la rythmique antique principalement en ce qu'elle n'évite pas les pieds pyrrhiques, les proceleusmatiques répudiés par la rythmique ancienne. La musique moderne non-seulement ne les évite pas, mais elle les recherche, elle construit de longues périodes musicales, des pièces entières, qui ne consistent qu'en pyrrhiques, ou en proceleusmatiques.

Il y a plus : notre virtuosité musicale aime à placer quatre, huit, seize, trente-deux notes égales dans une mesure, dans une suite de mesures. Le principe antique, à savoir l'alternance des syllabes longues et brèves, s'y trouve ainsi effacé. Ce qui fut exception dans l'antiquité, devient presque règle chez nous. Comment marquer la limite entre des mesures de telle composition ? C'est ici que l'ictus devient presque indispensable. Il n'est donc qu'une création, qu'une application moderne. Sorti du bâton du chef d'orchestre il entra dans l'exécution même au fur et à mesure du développement de la virtuosité. Mais, encore ici, mieux l'orchestre est dirigé, moins il marque l'ictus même dans les cas en question.

Ces deux applications modernes introduites dans le système de la rythmique antique, qui ne les connaissait pas, l'ont profondément gâtée.

Nous espérons que les chapitres qui vont suivre confirmeront les opinions que nous avons émises dans celui-ci.

III

L'accent antique formait la mélodie du vers et semble avoir donné naissance au système musical grec.

Accent, *accentus*, veut dire *adcantus*. Ce nom indique déjà que l'accent antique a dû différer notablement de l'accent moderne. Le mérite de cette découverte revient à MM. Benloew et Weil[1]. Leur opinion fut bientôt acceptée par Corssen, Scherer, Sievers, Seelmann[2] etc; mais en théorie seulement, parce qu'elle est loin d'être comprise dans son importance et d'être appliquée à la théorie des arts musicaux de l'antiquité classique. Nous distinguons maintenant un accent chromatique ou musical fondé sur la hauteur du ton, et l'accent respiratoire ou d'intensité, fondé sur la force de l'expiration. C'est le dernier qui gouverne les langues modernes, quoique non sans une certaine participation à l'accent chromatique qui avait été jadis un trait caractéristique de toutes les langues aryennes à une époque déjà bien reculée et qui, dans la prononciation de la plupart des peuples et des individus, n'est pas encore entièrement effacé. «LONGIOR *mensura vocis* ῥυθμός *dicitur* ALTIOR μέλος, » dit Aulu Gelle[3] en distinguant d'une manière très nette les deux éléments qui influençaient la prononciation aryenne. Le caractère de l'accent ressort très bien

---

[1] Théorie générale de l'accentuation latine.
[2] SCHERER, Zur Geschichte der deutschen Sprache, p. 134. — SIEVERS, Phonetik, 1885, p. 200. — SEELMANN, Die Aussprache des Latein, p. 15-64.
[3] Noctes atticæ, XVI, 18.

de la définition qu'en donne Diomède [1] : «*Accentus est acutus vel gravis, vel inflexa elatio orationis, vocisve intentio vel inclinatio, acuto aut inflexo sono regens verba. Nam ut nulla vox sine vocali est, ita sine accentu nulla est; et est accentus velut anima vocis. Accentus est dictus ab accinendo, quod sit quasi cuiusque syllabae cantus ; apud Graecos quoque ideo προσῳδία dicitur, quia προσᾴδεται ταῖς συλλαβαῖς. Accentus quidam tenores, vel tonos appellant, non nulli cacumina retinere maluerunt*».Les paroles du grammairien latin demandent une certaine réflexion si l'on veut bien comprendre la véritable nature de l'accent antique. Nous disons que chaque mot a son accent, mais les anciens enseignaient que chaque syllabe en possède un puisque chacune se prononce avec une certaine élévation de la voix. Chaque syllabe se chante d'une certaine manière, dit Diomède, en ajoutant que quelques-uns les appelent *tons* ou *tenores*. L'élévation de la voix ne reste pas égale sur toutes les syllabes du mot, elle monte sur les unes pour tomber plus bas sur les autres.«*Accentus namque est certa lex ex regula ad elevandam et deprimendam syllabam uniuscuiusque particulae orationis*, dit Priscien [2].

On distinguait trois sortes d'accents : l'accent aigu, l'accent grave et l'accent circonflexe. «*Ex his acutus in correptis semper, interdum in productis syllabis versatur, inflexus in his quae producuntur, gravis autem per se nunquam consistere in ullo verbo potest, sed in his in quibus inflexus est, aut acutus, ceteras syllabas obtinet.*»

L'accent aigu, ὀξεῖα προσῳδία marque donc le ton le plus élevé entre les sons, dont chaque syllabe est accompagnée dans la prononciation. C'est le *tonus summus* ou *superior* d'après Nigidius Figulus, « *Acutus, quod acuat sine elevet syllabam*», selon Priscien [3].

[1] Gram. lat., I, p. 430.
[2] Gram. lat., III, p. 517.
[3] L. c. p. 520.

L'*accentus gravis*, βαρεῖα προσῳδία subsistait seulement à côté de l'aigu ou du circonflexe. Il donnait aux syllabes qu il affectait un son plus bas. On le qualifie de *depressus, gravis, depositus, piger, minus sonans* [1].

L'accent circonflexe était appelé par les Grecs δίτονος σύμπλεκτος, προσῳδία ὀξυβαρεῖα, περισπωμένη, ce que les Latins traduisaient par *duplex, inflexus, circumflexus, ex acuto graviquefictus*. C'était un accent de deux sons, il commençait par une note élevée pour finir par une plus basse : 🎵 . « *Prima erecta rursus in gravem flectitur*, dit Servius [2]. Il ressemblait à l'accent sanscrit appelé *svarita*, qui commençait même plus haut que l'aigu pour tomber ensuite sur l'aigu ou sur le grave, selon les circonstances. Encore aujourd'hui, les Brahmanes emploient dans la prononciation des syllabes marquées par le *svarita* d'une espèce de roulade [3].

Outre les accents dont il a été question, certains grammairiens comme Sergius [4], qui suivait en cela l'opinion de Tyrannion, en admettaient un de plus. Ils l'appelaient *Accentus medius*, μέση προσῳδία, *quae inter duas quasi limen est, gravioris quam acutioris similior*. Corssen le compare à l'accent secondaire, *Nebenton*.

La langue grecque possédait en outre une ἀντακλαζομένη προσῳδία, d'une forme tout à fait opposée à l'accent circonflexe, parce qu'on commençait ici par un ton bas, pour s'élever à un plus haut. Cet accent se trouvait dans les syllabes contractées, dont la première possédait le grave et la seconde l'aigu : ἑσταός-ἑστώς ; ἕην-ἥν [5].

Ces éléments musicaux, assez nombreux, faisaient pourtant partie du langage ordinaire en y formant déjà une certaine mélodie, comme l'atteste Aristoxène lui-même : Λέγεται γὰρ δὴ καὶ λογῶδές τι μέλος τὸ συγκείμενον

---

[1] Corssen, II, p. 820.
[2] L. c., § 24.
[3] Whitney : Altindische Grammatik, p. 90.
[4] Gram. lat., IV, p. 529.
[5] Corssen, II, p. 803.

ἐν τῶν προσῳδιῶν τῶν ἐν τοῖς ὀνόμασιν »[1]. Faut-il supposer que le parler des Grecs ressemblait à un chant? Il était certainement plus mélodieux, plus sonore que le nôtre. Il possédait des accents doubles que nous ne connaissons plus, des voyelles longues qui reteraient la voix, prolongeaient les sons. Il n'a fallu à cette langue que des vers rythmiques pour prolonger les sons plus encore, pour les séparer, pour faire ressortir les intervalles. C'est la rythmique des vers qui, à notre avis, a changé les accents en mélodie par l'exacte mesure, par la prononciation emphatique qu'elle exigeait.

L'importante question de l'espace, dans lequel les tons de tous les accents étaient contenus, est assez bien élucidée par le passage suivant de Denys d'Halicarnasse[2] : « Διαλέκτου μὲν οὖν μέλος ἑνὶ μετρεῖται διαστήματι τῷ λεγομένῳ « διὰ πέντε » ὡς ἔγγιστα, καὶ οὔτε ἐπιτείνεται πέρα τῶν τριῶν τόνων καὶ ἡμιτονίου ἐπὶ τὸ ὀξύ, οὔτε ἀνίεται τοῦ χωρίου τούτου πλέον ἐπὶ τὸ βαρύ. » D'après cet auteur, les accents grecs changeaient donc dans l'espace d'une quinte. Il laisse l'accent aigu s'élever à la hauteur de trois tons et demi, puis retomber de ce même intervalle dans le grave, ce qui donne une quinte. Mais cet intervalle était, à ce qu'il semble, seulement l'extrême limite des accents. On pouvait s'arrêter à la quarte, et nous savons qu'à l'époque originaire la musique grecque ne dépassait pas cet intervalle. C'est un fait historique dont il faut tenir compte.

Nous avons maintenant tous les éléments nécessaires pour la composition d'une mélodie d'après les accents, et c'est à quoi nous allons procéder en prenant pour texte le premier vers de l'Iliade.

Μῆ-νιν ἄ-ει-δε θε-ὰ Πη-ληϊ-ά-δε-ω Ἀ-χι-λῆ-ος

[1] Ἁρμονικῶν τὰ Σωζόμενα, ed. Marquardt, p. 24-20.
[2] De compositione verborum, c. XI.

C'est à peu près ainsi que les aèdes chantaient le courroux d'Achille, obligés qu'ils étaient, bon gré mal gré, par le rythme de changer la prosodie συνεχής pour une prosodie ἐκ διαστημάτων.

Après avoir établi quelle a pu être la mélodie formée par les accents de la langue, il nous faut examiner ici la relation existant entre les accents et la musique en général, et voir si les anciens avaient admis quelque rapport entre la prosodie, c'est-à-dire l'accentuation, et la musique, ainsi que les opinions qu'ils ont pu émettre sur cette question. « *Prosodia musices imago* », la prosodie ou le système des accents est l'image de la musique, selon une expression de Varron rapportée par Servius. « *Et est accentus anima vocis et* SEMINARIUM MUSICES, *quod sonis modulatio ex fastigiis vocum gravitateque componitur, ideoque accentus quasi adcantus dictus est* », dit Martianus Capella[1]. En outre, saint Augustin, examinant la part qu'on doit attribuer à l'esprit humain dans l'œuvre de transformation des sons naturels en musique s'exprime ainsi : « *Videbat autem hanc materiam esse vilissimam, nisi certa dimensione temporum acuminis gravitatisque moderata varietatem soni figurarentur. Recognovit hinc esse illa semina, quae in grammatica, cum syllabas diligenti consideratione versaret, pedes et accentus vocaverat.*

L'opinion que nous présentons ici se trouve donc confirmée par les anciens. Toutefois, le petit nombre de témoignages que nous possédons sur cette question s'explique par l'intervalle qui sépare la science grecque de cette époque, bien lointaine, qui a vu naître les premiers arts. La recherche des origines y fut d'ailleurs entravée par la tradition, déjà établie, qui attribuait l'invention de la musique à Apollon, à Hermès. Mais enfin, nous avons trouvé des traces des opinions qui mettaient la musique en rapport avec les accents, et en les suivant

---

[1] De nuptiis Philologiae et Mercurii, III, 65.

nous pourrions remonter jusqu'à la source de la musique grecque qui est pour nous, nous osons le dire, la mère de la musique européenne. La question présente des difficultés, et nous ne croyons pas la résoudre complètement, cependant nous devons donner quelques explications sur notre façon de l'envisager.

Nous savons déjà que la langue grecque possédait trois accents d'une tonalité différente : l'aigu, le grave et le moyen ; aussi la lyre primitive semble n'avoir possédé que trois cordes. « *Organum quondam habuit tres intentiones, gravem, mediam et acutam ; inde Musae quoque tres olim existimatae : Hypate, Mese, Nete* (ce sont les noms des trois cordes principales) *nunc in ampliore numero soni considerantur* », dit un auteur anonyme[1], et il est évident qu'il établit ainsi la relation intime entre les trois accents et les trois cordes de la lyre. Nous savons aussi que le ton inférieur était originairement séparé du supérieur par l'intervalle d'une quarte. Voilà la position de deux tons ou deux accents, l'aigu et grave, établie : il reste à placer le troisième accent ou le troisième ton. Était-il à la seconde ou à la tierce, ou n'était-il pas flottant, indécis peut-être. Ce dernier cas est possible, parce qu'il faut se représenter tous les accents tant soit peu indécis, flottants de nature. Ce fut la lyre qui, ne possédant d'abord que trois cordes sur lesquelles le musicien répétait exactement les tons du chanteur, amena celui-ci à préciser ses accents, à les changer en notes fixes parce que les cordes une fois ajustées, et ne pouvant donner chacune qu'un son, exigeaient une concordance complète entre les accents du chant et les sons de l'instrument.

Dans le sens que nous venons d'exposer, nous acceptons la première proposition de M. Gevaërt : « l'art musical proprement dit débute par la culture régulière des instruments à cordes », mais nous nous permettrons de re-

---

[1] Censorinus, Gram. lat., VI, p. 610.

jeter la seconde partie de la thèse du savant musicien, à savoir : « le système musical primitif est engendré par une progression harmonique de quintes et de quartes enchaînées, limitées à cinq termes et renfermées dans l'étendue d'une octave. » Cette explication ne nous satisfait pas, et cela pour les raisons suivantes : il est incontestable que le système musical primitif chez les Grecs ne dépassait pas la limite d'une quarte et que la lyre ne possédait originairement que trois ou quatre cordes, c'est-à-dire quatre sons. Il s'ensuit que dans un système tellement limité, et à l'aide d'instruments tellement primitifs, une progression de quintes ou de quartes était inexécutable.

Arrêtons-nous un moment sur ce point. Selon M. Helmholtz[1] le système des gammes, des modes et de leur enchaînement harmonique ne repose pas sur des lois naturelles invariables, il est la conséquence de principes esthétiques variables. M. Gevaërt semble partager cette opinion, mais il a cherché la solution du problème plutôt du côté technique. Seulement, il suppose une technique trop avancée, trop perfectionnée pour être probable, ou même possible, à l'époque rudimentaire dont nous nous occupons. En présence de savants de cette valeur, nous ne pouvons émettre notre opinion que très modestement. Nous nous tenons au point de vue historique, car la musique, œuvre de l'esprit humain, appartient sans aucun doute à ce domaine. De l'autre côté nous pouvons prononcer en axiome, que l'homme ne peut rien créer. Il peut changer, développer, perfectionner, idéaliser ; il peut par des combinaisons, par des synthèses nouvelles, produire des œuvres étonnantes, presque toucher à la création, mais au fond de toutes ces productions nous trouverons toujours une donnée de la nature ou de la vie. Il faut donc que la musique repose aussi sur une donnée naturelle. Or, nulle part nous n'en trouvons de plus convenable, de plus capable de développement,

[1] Théorie physiologique de la musique, p. 306.

de plus intime au sentiment que les accents, dont la fonction, il faut le reconnaître, était avant tout, nous dirons même, exclusivement affective.

Cette signification affective, l'étymologie du mot, les opinions des savants de l'antiquité, le caractère éminemment musical des accents nous obligent à chercher l'origine de la musique grecque, et de la musique en général, dans les accents mêmes.

Si ce point capital pouvait encore faire naître des doutes, le passage suivant d'un des meilleurs archéologues de l'antiquité, de Denys d'Halicarnasse, servirait à lever tous ceux qui persistent encore. Nous savons que le passage qui va suivre a été déjà cité à l'appui d'une opinion contraire, mais il n'a pas été bien compris et on verra que l'idée, que le fond psychologique sont un témoignage de plus en notre faveur.[1] « *Dictiones praeterea concentui* (τὰς τε λέξεις τοῖς μέλεσιν) *submittendas postulat, non autem dictionibus concentum; quod cum ex multis aliis apparet, tum praecipue ex hoc Euripidis cantico, quo fecit in Oreste ut ad chorum uteretur Electra.*

Σῖγα, σῖγα, λεπτὸν ἴχνος ἀρβύλας
Τίθετε, μὴ κτυπεῖτε·
Ἀποπρόβατ' ἐκεῖς ἀπόπροθι κοίτας.

Nam in his Σῖγα, σῖγα, λεπτὸν *uno vocis sono proferuntur* (μελῳδεῖται); *tres illae licet dictiones, suas unaquaeque, quam acutas, quam graves, habeant intensiones. Et vox* ἀρβύλας *praeterea eumdem et in media et tertia syllaba tonum habet: etsi peri minime potest, ut una dictio duos habeat acutos. Quin et vocabuli* τίθετε *prima gravior est syllaba; duae autem quae sequuntur acutum habent accentum, eundemque solum. Hujus etiam* κτυπεῖτε *circumflexus obscuratur; una etiam syllabae duae extensione proferuntur. Atque illud denique* ἀποπρόβατε *mediae syllabae acutum accentum*

---

[1] L. c. xi; nous donnons ce passage d'après la traduction de Schäfer.

non recipit, sed in quartam usque syllabam tertiae re-iicitur intensio. » Déjà au temps d'Euripide les accents ne s'accordaient pas avec la mélodie, et dans les cas de désaccord c'étaient eux qui devaient se soumettre. Les exigences artistiques de la mélodie l'emportaient sur les éléments naturels de la mélodie ; ainsi, les trois premiers mots du chant que nous venons de citer se chantaient du même ton, malgré la différence des accents. Dans le mot ἀξύλης on appliquait le même ton à la seconde et à la troisième syllabe quoiqu'il soit impossible qu'un mot présente deux accents aigus de suite. L'auteur relève de pareilles discordances entre la mélodie d'Euripide et les accents dans tous les mots du chant, prouvant ainsi que l'idée d'une concordance parfaite entre les deux facteurs lui était familière. Nous verrons bientôt la cause de la rupture de l'accord primitif entre les accents et la mélodie au temps d'Euripide.

Le tétracorde primitif, dont les tons extrêmes étaient déterminés par l'accent aigu et le grave, présente cette particularité très remarquable, commune d'ailleurs à toutes les harmonies grecques, qu'il contient l'intervalle d'un demi-ton. Il nous semble que la présence de ce demi-ton ne peut être expliquée autrement que par une qualité propre à l'accentuation grecque. Ce sont des accents glissants, la προσῳδία ἀνταλλαζωμένη peut-être, qui l'ont produit. Ce ton a pu être renforcé par l'accent moyen, *gravioris quam acutioris similior*. La tierce peut être le produit de l'accent aigu abaissé à la fin des mots, qui pourtant ne pouvait retomber jusqu'au véritable grave, puisqu'il conserve toujours sa fonction.

Après quelques hésitations et quelques tâtonnements, les Grecs étaient arrivés à doubler leur tétracorde, en ajoutant à *e, f, g, a*, un second tétracorde d'une construction identique. Ce développement donné au système et à l'instrument a dû amener un changement de plus en plus considérable dans les mélodies, qui commencèrent désormais à dépasser les bornes des accents. Plus tard on ajouta à l'octocorde deux tétracordes de plus, un en haut, l'autre en bas de l'octocorde, auquel ils furent reliés chacun par un ton commun. Cela donna enfin le système suivant :

```
                    e f g a h c d e (diezeugm.)
  (synem.) h c d e              e f g a (synem.)
  (prosl. a) h c d e f g a h c d e f g a
```

C'est ici que finalement le jour se fait dans le passage de Denys. Aussi longtemps que le système musical grec fut enfermé dans les bornes d'un tétracorde, la mélodie a dû concorder avec les accents, mais à mesure que se développa le grand système que nous venons d'exposer, les mélodies commencèrent à sortir de leur limite originaire, elles ne s'accordèrent plus avec les accents, dont on finit par ne plus tenir compte. Denys constate et explique ce phénomène.

Nous ne prétendons pas exposer ici le système musical grec dans ses détails. Cela d'ailleurs a été fait dans ces derniers temps, avec un savoir peu commun, par M. Westphal et par M. Gevaërt; nous nous bornerons seulement à indiquer ce qui nous est nécessaire pour soutenir la thèse que nous développons dans ce chapitre. Ainsi il faut mentionner que les mélodies fondées sur l'échelle : e, f, g, a, h, c, d, e, s'appelaient doriques, quand elles finissaient par e, hypodoriques, ou éoliennes finissant par a. Dans le dernier cas elles correspondaient à nos mélodies en mineur. L'harmonie, ou l'échelle lydienne: c. d. e. f. g. a. h. c. différait de la précédente en ce que le demi-ton formait son troisième ou dernier intervalle. Les mélodies se terminant en c étaient appelées lydiennes, ou hypolydiennes quand elles se terminaient par f. Dans le premier cas elles étaient égales à nos mélodies en majeur. Dans l'octocorde : d. e. f. g. a. h. c. d, le demi-ton se trouve au second ou au sixième intervalle et les mélodies s'appelaient ici phrygiennes ou hypophrygiennes (d-g). Toutes ces échelles se ressemblent en ce qu'elles sont fondées sur des tétracordes dont chacun contient un demi-ton, elles diffèrent par la place occupée par celui-ci. Ce demi-ton forme leur trait caractéristique, or, il se retrouve dans nos deux échelles musicales modernes. Est-il déterminé par la nature? Non, puisque les Grecs eux-mêmes ont essayé plus tard de diviser leur tétracorde en trois intervalles égaux. Il paraît que ce tétracorde *Ptoléméen* fut introduit dans la pratique musicale, mais seulement en Égypte, où il est encore aujourd'hui en usage chez les musiciens arabes ambulants, tandis que les autres Arabes se servent des échelles *Pythagoriciennes* [1].

Pour expliquer l'existence de ce demi-ton, nous avons eu recours à l'accentuation, qui nous servira aussi pour éclaircir l'apparition de trois sortes d'échelles contenues dans le système musical grec. L'échelle dorienne peut bien être propre à la nation hellénique, tandis que les autres sont sorties, avec la petite différence qui les caractérise, d'un mode d'accentuation un peu différent et propre aux Phrygiens et aux Lydiens. *Les trois tétracordes primitifs étaient donc à notre avis des mélodies primitives, constantes et uniques, formées par les accents de la langue de ces peuples voisins et apparentés.* Elles ont été accueillies par les Grecs et insérées dans leur système musical, dont l'établissement leur demanda plusieurs siècles. Ils se servaient dans ce but du monocorde dont, si nous en croyons la tradition, l'étude assidue fut recommandée par Pythagore à ses disciples, à son lit de mort.

Nous avons donc cherché d'abord à établir que les accents antiques étaient d'un caractère essentiellement mélodique, ce qui écarte d'un seul coup toutes les contradictions dans lesquelles la philologie moderne s'est égarée. Les anciens ne cherchaient ni à faire coïncider les accents avec l'ictus, comme le veulent les uns, ni à

---

[1] Helmholtz, l. c., p. 339.

éviter cette coïncidence d'après les autres. Les accents n'avaient aucun rapport ni avec l'ictus, ni avec le rythme. Leur caractère mélodique était alors tellement reconnu, qu'on se servait des signes des accents pour la notation musicale. Ils étaient encore en usage au moyen âge. M. de Coussemaker nous l'apprend en ce qui regarde le moyen âge latin, où les signes de l'accent aigu, du grave et du circonflexe furent employés comme neumes fondamentaux. « De ces trois signes combinés ensemble sont nés tous les autres neumes »[1]. Ce même fait est constaté par M. Christ[2] pour le moyen âge byzantin : *Adeo autem hanc societatem accentuum et musicarum notarum iam codicum librarii perserserunt ut quotiescunque notis musicis verba carminum instruebant, accentus syllabarum scribere supersederunt.* On s'y souvenait toujours que les tons du chant n'étaient que d'autres accents, qui remplaçaient les accents ordinaires. Cette étroite liaison entre les accents et les notes musicales, cette vivante tradition de la doctrine antique auraient-elles permis au moyen âge de fonder une nouvelle rythmique sur les accents ? Cela est presque impossible et il n'y en avait pas.

Nous avons tâché ensuite de faire dériver le système musical des anciens du système de leur accentuation. Que notre explication ne porte aucun préjudice au principe même, qui ne nous paraît pas douteux. Aussi, est-il certain que notre accent moderne, s'il n'est pas déjà entièrement changé, a perdu beaucoup de son caractère primitif. Nous nous permettrons d'émettre encore une opinion sur la cause de cette transformation, car nous croyons qu'il est nécessaire de commencer par des explications plausibles pour arriver enfin à la vraisemblance. Un système musical s'étant fondé sur la base des accents, un chant, une musique indépendante s'étant

[1] L'Art harmonique aux XIIe et XIIIe siècles, p. 160, planche 37.
[2] Anthologia graeca Carminum Christianorum, p. LXXIX.

dégagés d'eux, l'élément musical y est devenu superflu, insignifiant. La semence des accents a produit tout un parterre de jolies fleurs, mais les plantes-mères se sont flétries. Il était devenu de mauvais goût, ridicule même, de garder les accents, de les chanter dans le parler ordinaire, puisqu'on avait appris déjà à chanter mieux. Ne reproche-t-on pas aujourd'hui encore à certaines personnes, ou à certains dialectes une accentuation trop chantante, que depuis longtemps on s'est efforcé, et qu'on s'efforce encore, de restreindre?

Nous avons soutenu enfin que la musique moderne provient de la musique grecque: Sans échelle musicale il n'y a pas de musique. Les échelles grecques ont été élaborées pas à pas, perfectionnées à l'aide d'essais et d'expériences innombrables. La Grèce nous fournit des témoignages sans nombre sur cette suite ininterrompue d'efforts tendant à l'établissement d'un système musical auquel les meilleurs esprits prenaient part. Or, là où nous ne trouvons aucune trace de travaux semblables, où les esprits sans culture n'étaient pas capables de se livrer à des exercices de même ordre, là, nous n'avons, disons-nous, nulle raison de supposer une création indigène d'un système musical indépendant, et nous devons laisser aux Grecs le mérite auquel ils ont droit, sans vouloir l'attribuer aux ancêtres de chaque nation européenne : l'amour-propre national introduit dans la science a toujours pour effet de la faire dévier.

Sous l'influence des idées, que nous nous sommes efforcé de combattre dans les questions préliminaires, beaucoup de savants trouvent la musique européenne différente déjà au moyen âge de la musique antique. Ils accentuent les petites diversités en perdant de vue les ressemblances profondes et fondamentales. Ces ressemblances consistent dans l'identité de nos deux échelles avec deux échelles grecques, et dans la présence de deux demi-tons dans nos échelles comme dans toutes celles de l'antiquité classique.

D'ailleurs le chemin parcouru par le système musical grec de l'époque antique jusqu'aux temps modernes est visible et facile à suivre. Ce système, déjà connu en diverses parties par nos ancêtres aux temps païens, nous a été définitivement transmis par l'Eglise. Persécutée à son origine et obligée à se réfugier dans les catacombes, l'Eglise était dans l'impossibilité de s'occuper du chant, intimement lié au culte et aux mœurs païens. Les sectaires: les Thérapeutes, les Ariens, les Bardesaniens l'employèrent les premiers dans leur liturgie, ce qui fut une raison de plus pour l'Eglise catholique de l'exclure complètement de son culte. On se bornait à y prier, on n'avait pas d'hymnes, les psaumes y étaient récités. Seules, certaines églises, comme celles d'Alexandrie ou de Syrie, ne purent se passer de cet art si beau et si cher au peuple.

Devenue la religion officielle de l'Etat romain, n'ayant plus rien à craindre du paganisme, l'Eglise romaine accepta enfin l'art grec musical pour donner plus de solennité aux offices. L'exemple donné d'abord par quelques églises orientales, et qui s'était de plus en plus répandu, fut suivi par St-Hilaire à Poitiers, St-Ambroise à Milan, St-Augustin à Hippone, les premiers en Occident. Les formes chancelantes du chant religieux furent ensuite réglées par le pape Grégoire le Grand, qui divisa les échelles grecques en authentiques et plagales, entre lesquelles parait se trouver la même relation que nous avons remarquée entre le mode dorique et hypodorique, le lydien et l'hypolydien, etc. C'est lui aussi qui prit pour modèle du chant ecclésiastique non pas le chant métrique, mais, à ce qui semble, le chant rythmique transformé, constituant ainsi le plain-chant. La culture, l'enseignement, la propagation du chant et de la musique devinrent désormais obligatoires dans l'Eglise catholique. Toutes les missions pour la propagation de la foi furent en même temps des missions de l'art musical. Des chantres romains furent envoyés à diverses reprises en Gaule, en Angleterre, en Allemagne, enseignant la musique d'après les traités de Boëce et de Martianus Capella. Autant de temples, autant d'écoles de chant.

Les savantes recherches de M. de Coussemaker établissent que depuis le Xe siècle la Gaule, et Paris surtout, devinrent le centre d'une culture très assidue de l'art musical. La direction imposée ici à la musique conduisit vers le chant figuré et vers la symphonie ou harmonie. Le chant harmonique, où les voix ne suivent pas les mêmes figures musicales, exigeait qu'on assignât à chaque note une durée, une valeur déterminées. Tel est le point de départ d'une nouvelle rythmique musicale, qui pourtant fut modelée sur l'exemple de la rythmique ancienne, sur la valeur de temps dans les pieds antiques.

La musique persista pendant plusieurs siècles dans cette tendance symphonique et figurative, qui la conduisit à certaines innovations très remarquables. On s'aperçut que la tierce et la sexte donnaient une consonance très agréable qu'on établit comme accord principal. On remarqua l'affinité de l'accord de la dominante vers la tonique, ce qui constitue la base principale de l'harmonie, et plus encore de la composition moderne. On accepta définitivement un *b* rond, connu d'ailleurs aux anciens, à côté d'un *si* ou d'un *b* quarré, ce qui permit de former des accords de septième. Toutes ces découvertes et ces modifications amenèrent une fusion des échelles grégoriennes qui se transformèrent peu à peu en nos deux échelles modernes, contenues déjà dans le système des anciens, comme nous l'avons dit.

Il faut enfin remarquer l'absence de différences systématiques entre la musique savante et la musique populaire, et aussi entre la musique populaire des diverses nations européennes. La musique européenne est partout établie sur les échelles grégoriennes ou les échelles modernes. La gamme à cinq tons, qu'on croit reconnaître dans d'anciens chants de certains peuples, et qui omet les deux demi-tons, accuse par ce procédé sa dépendance de la gamme avec les demi-tons. Elle a été d'ailleurs connue et employée en Grèce. Les différences caractéristiques dans les chants et les danses populaires nationales proviennent de l'époque où on y introduisit et popularisa la musique, elles proviennent du choix que chaque nation fait entre les multiples inflexions et cadences musicales, en n'acceptant que celles qui expriment le mieux son sentiment dominant.

Nous nous bornons à ces remarques générales, ne pouvant entrer dans le détail d'un aussi vaste sujet.

IV

La mesure rythmique ayant à répondre à trois différents objets, trois rythmizoména, a été amenée à une abstraction qui provoqua une séparation entre la rythmique et la métrique. Les Romains écartèrent cette division en soumettant les rythmes aux lois métriques.

Nous croyons avoir écarté l'erreur fondée sur la supposition d'un principe rythmique différent et indépendant du principe métrique, du moins en ce qui concerne la théorie antique, qui considérait le mètre comme une partie déterminée du rythme. On a voulu s'appuyer sur une rythmique musicale qui serait née spontanément, et en même temps que la musique et le chant, mais le manque absolu d'idées sur l'origine de la musique a empêché de se rendre compte également de cette rythmique. L'explication que nous venons de donner sur l'origine de la musique, ramène du même coup le rythme musical sur le terrain du rythme de la versification. Le premier début de la musique consistant dans le chant, qui s'est fondé sur les accents contenus dans le vers, il en résulte que ce chant a dû suivre dès l'abord le rythme du vers, formé de l'arrangement des syllabes selon leur durée. Il a dû nécessairement participer au rythme de la matière qui le fit naître. Pour les écrivains grecs et latins, il y a égalité parfaite dans le rythme métrique et le rythme musical, et cela est décisif. Ils reconnaissent entre eux des différences, il est vrai, mais elles ne sont que secondaires et postérieures, comme nous le verrons plus tard.

Passons à la danse. Il va de soi que l'homme, lorsqu'il était encore sans culture, ait manifesté sa joie par des cris et des bonds, mais de même que nous ne pouvons qualifier du nom de chant les cris sauvages qu'il poussait, de même nous ne saurions donner celui de danse à ses courses, ses sauts ou ses bonds déréglés.

La tradition historique la plus ancienne nous montre, chez les Grecs, la danse étroitement liée au chant et aux vers rythmiques. « Ἔστι δὲ τὰ ῥυθμιζόμενα τρία: λέξις, μέλος, κίνησις σωματική »[1], il y a trois matières soumises au rythme : le texte poétique, la mélodie et les mouvements du corps, mais Aristoxène ne connaît qu'un genre de rythme, commun à tous. Aristide nous enseigne la même doctrine : « Ῥυθμίζεται δ' ἐν μουσικῇ κίνησις σώματος, μελῳδία, λέξις »[2], dans la musique le rythme domine trois objets : le mouvement du corps, la mélodie et le texte poétique. « Τὸ δέ γε κατὰ τὴν τοῦ σώματος κίνησιν ῥυθμὸν μὲν κοινὸν τῇ τῆς φωνῆς εἶχε κινήσει » : le mouvement du corps (la danse) a un rythme commun avec le mouvement de la voix (le chant), dit Platon d'une manière positive[3]. On dansait au chant, puisque χορεύω signifie chanter et danser en même temps, mais le chant suivait le rythme des paroles. Platon décrit la danse comme une association de l'ὄρχησις et de l'ᾠδή[4] : « χορεία γε μὴν ὄρχησίς τε καὶ ᾠδὴ τὸ ξύνολόν ἐστιν. » Plus important est le témoignage d'Athénée : « χορεία ἐστὶ ἡ μίμησις τῶν ὑπὸ τῆς λέξεως ἑρμηνευομένων πραγμάτων »[5] ; la danse n'est, d'après lui, que la représentation imitative des paroles du texte poétique. La danse grecque était donc avant tout pantomimique, et Platon, Lucien et Athénée lui-même paraissent n'en avoir pas connu d'autres[6]. Son origine,

---

[1] Aristoxenus, éd. Marquardt, § 9.
[2] L. c. II, p. 32.
[3] Leges, 673, D.
[4] Leges, 654, D ; cfr. 665.
[5] I, 15, D.
[6] Leges 655 ; Lucien : de saltationibus ; Athenaeus : Deipnosophistæ, lib. I, XIV.

nous parlons de l'origine d'une danse réglée par la rythmique, se trouve peut-être dans les processions du chœur, qui exprimait ses sentiments, non seulement par les paroles, mais aussi par des mouvements de pieds et de mains, réglés selon la longueur et la brièveté des syllabes du texte. Plus tard, la pantomime se développa jusqu'à se dégager du texte, mais ses mouvements restèrent toujours soumis à la règle des pieds rythmiques, c'est-à-dire qu'ils se composaient de mouvements longs et brefs. N'en est-il pas ainsi encore aujourd'hui? Le menuet, la gavotte, la contredanse, quoique bien éloignés déjà de l'expression des danses grecques, ne suivent-ils pas le même principe? Et si nous ne nous trompons, ce sont les danses orientales et le fandango qui ont le plus conservé le caractère de la danse antique. Parmi les danses orientales, il en est de stationnaires, comme il en existait aussi chez les Grecs: les « σχήμα », les « χειρονομίαι », danses pantomimiques exécutées par des gestes mesurés, les pieds restant immobiles.

Il était absolument impossible de marquer l'ictus dans une telle pantomime, il n'y en avait donc pas, non plus que dans les rythmes.

Tout le rythme artistique tire son origine du vers rythmique, tel est maintenant le point principal. Si cela n'est pas encore assez démontré par tout ce qui précède, si la définition de Bacchius, déjà citée, ne suffit pas, quoiqu'il dise que le rythme est une suite de *syllabes* réglée selon la longueur et la brièveté, nous donnerons un témoignage plus explicite encore rapporté par Psellus[1]:

« τῆς ῥυθμικῆς ἐπιστήμης ταῦτα προλαβεῖν σε χρεών · καὶ πρῶτόν γε ὅτι πᾶν μέτρον πρὸς τὸ μετρούμενόν πως καὶ πέφυκε καὶ λέγεται · ὥστε καὶ ἡ συλλαβὴ οὕτως ἂν ἔχει πρὸς τὸν ῥυθμὸν ὡς τὸ μέτρον πρὸς τὸ μετρούμενον, εἴπερ τοιοῦτόν ἐστιν οἷον μετρεῖν τὸν ῥυθμόν; ἀλλὰ τούτου μὲν τὸν λόγον

---

[1] Prolambanomena, ed. Julius Cæsar, § 1. Rheinisches Museum, 1842, p. 621.

παλαιοί ἔφασαν ῥυθμικοί· ὁ δέ γε Ἀριστόξενος, οὐκ ἔστι φησί, μέτρον ἡ συλλαβή »; il lui paraît donc nécessaire de savoir que dans la science rythmique chaque mètre, c'est-à-dire chaque mesure, est toujours désigné et choisi selon la nature de l'objet à mesurer, donc, la syllabe se rapporte au rythme, comme la mesure à l'objet qui est à mesurer. Elle est donc applicable à la mesure du rythme. Cette doctrine était celle des anciens rythmiciens, tandis qu'Aristoxène déclara que la syllabe n'est pas la mesure du rythme. Ce passage est des plus importants : il nous apprend que si Aristoxène ne fut pas le premier à proclamer une nouvelle doctrine sur la mesure, sur le premier élément du rythme, qui lui est bien antérieure, au moins la défendit-il avec la plus grande énergie. Mais à côté de lui, d'autres rythmiciens persistaient à regarder la syllabe comme la mesure du rythme, et en cela ils suivaient une tradition bien plus ancienne. Elle datait encore de ce temps où l'on savait que tout rythme prenait naissance dans le vers métrique, et que les autres sujets rythmiques étaient subordonnés à ce rythme originaire et unique. Platon encore a dû passer par l'étude des syllabes pour arriver à celle du rythme[1]. Les trois rythmizomena se subordonnaient d'autant plus facilement, qu'ils restaient étroitement liés à la matière dominante dans cette période de leur évolution.

Aristoxène, de son côté, ne manquait pas de bonnes raisons pour changer ce point de la doctrine. De son temps on jouait de la flûte ou d'autres instruments en n'accompagnant plus aucun texte, on dansait des pantomimes qui représentaient la fable d'Orphée, mais sans réciter ces beaux vers que tout le monde connaissait. Οἱ ποιηταὶ διαρπῶσιν γὰρ ῥυθμὸν μὲν καὶ σχήματα μέλους χωρίς.... μέλος δ' αὖ καὶ ῥυθμὸν ἄνευ ῥημάτων, ψιλῇ κιθαρίσει τε καὶ αὐλήσει προσχρώμενοι....; Platon atteste donc,

---

[1] Cratylus, 424.

ce que nous venons de dire, notamment, que les poètes séparaient les pas et les mouvements rythmiques de l'accompagnement musical, d'un autre côté, ils composaient sans texte poétique des airs de danse pour la lyre ou la flûte seulement. Il ne laisse pas de blâmer ce procédé, le déclarant sans goût et le comparant au jeu des marionnettes : « Ψιλῷ δ'ἑκατέρῳ πᾶσά τις ἀμουσία καὶ θαυματουργία γίγνοιτ' ἂν τῆς χρήσεως »[1]. Le rythme y était toujours gardé, cependant on ne pouvait plus le mesurer par les syllabes du texte. On se mit donc à chercher une mesure également applicable à chaque rythmizomenon séparé. On la trouva en réduisant la mesure syllabique à une abstraction, en lui enlevant son élément matériel et ne lui laissant que la forme, c'est-à-dire le temps.

Rien d'abord, sauf le terme, ne fut changé à la théorie rythmique. Au lieu de syllabe longue ou brève, on disait dès lors un temps long ou bref, mais la valeur restait la même. Toutefois, les auteurs de vers parlaient plutôt de la mesure syllabique, les musiciens de celle du temps. Enfin l'usage s'établit d'appeler les uns rythmiciens, les autres métriciens, sans qu'au fond il y eût différence de principe. Cet état de choses nous est attesté par le passage suivant de Servius[2] : « *Longitudo verborum duabus in rebus est : tempore et syllabis. Tempus ad rhythmicos pertinet, syllabae ad metricos. Inter rhythmicos et metricos dissensio nonnulla est, quod rhythmici in versu longitudine vocis tempora metiuntur et huis mensurae modulum faciunt tempus brevissimum in quocunque syllaba enuntiata sit... Metrici autem versuum mensuram syllabis comprehendunt et huius modulum syllabam brevem arbitrantur, tempus enim brevissimum intellegi, quod enuntiatione brevissimae syllabae cohaerens adaequaverit. Itaque rhytmici temporibus syllabas, metrici tempora sylla-*

---

[1] Leges, 670.
[2] De accentibus, p. 532 : EICHENFELD-ENDLICHER, Analecta grammatica, 1837.

*bis finiunt, neque enim refert tempus in syllaba esse,
an in tempore syllabam dicamus, dummodo discendi
causa concessum est, eam moram, qua brevis syllaba
dicitur unum et brevissimum tempus vocare; qua
vero longa profertur, duo tempora appellare ipsa
cogit natura, cum loquimur.* » Ce passage important
confirme l'étroite concordance entre la mesure de syllabes et la mesure de temps. Mais nous pouvons sur
son autorité constater une division qui s'était opérée
dans le domaine de la rythmique ancienne. Il y avait
des poètes, qui composaient des vers rythmiques mais
sans mélodies; on les appelait métriciens; il y en avait
d'autres qui composaient des vers rythmiques pour le
chant, accompagnés souvent d'une pantomime; c'étaient
les rythmiciens. Un métricien n'était qu'un poète, un
rythmicien était à la fois poète et musicien. Le principe rythmique ne subissait aucun changement et,
comme nous le voyons, dans cette nouvelle période de
l'art grec, il se fondait toujours sur la longueur et la
brièveté.

Il est certain qu'il existe entre la rythmique des grecs
et leur métrique une différence plus grande qu'elle ne
paraît d'après ce que nous venons d'en dire. Je saisirai
l'occasion qui se présente ici pour y constater quelques
diversités. Toutefois le but principal de ce travail étant
d'éclaircir l'origine des formes rythmiques dans la littérature du moyen âge et dans la littérature moderne, je
ne m'occuperai qu'autant que l'exige ce sujet de la rythmique antique.

Nous ne pouvons exposer ici toutes les conséquences
de la mesure rythmique abstraite qui, sous une identité
apparente, cachait des tendances divergentes. Mais,
pour les bien saisir, il nous faudra auparavant éclaircir
d'autres questions se rapportant à notre sujet. En attendant nous nous bornerons à l'époque classique.

La base commune à la métrique et à la rythmique
classiques reste toujours le pied. On pouvait le mesurer

par les syllabes ou par les temps. La règle primitive exigeait que le pied iambique fût composé d'une syllabe brève et d'une longue; la règle d'Aristoxène y demandait trois temps. Le pied dactylique devait contenir d'après la règle originaire une syllabe longue et deux brèves; d'après la règle abstraite il lui fallait quatre temps.

Le pied est la base, la première unité rythmique, aussi bien dans les vers que dans la musique. Cependant après un pied nous ne savons pas encore d'une manière certaine à quel genre rythmique nous avons affaire, et ce n'est que la répétition du même pied qui nous le fait connaître. La seconde unité est le pied double, ou plutôt le colon, dont l'étendue varie selon le genre rythmique. Certains cola sont devenus des mètres, comme le dimètre iambique ou trochaïque; la plupart des mètres pourtant sont composés de deux cola, et d'après Marius Victorinus ils n'en peuvent contenir davantage.[1] Deux cola, de quelque genre qu'ils soient, réunis dans un mètre, perdent leur existence indépendante; ils cessent de représenter des unités rythmiques, qui se transmettent sur le mètre entier.

Les mètres diffèrent selon le nombre et le genre de pieds qu'ils contiennent, mais une fois fixés, détachés du ruban rythmique, ils sont toujours employés dans cette forme établie. Voilà des vers, voilà le domaine métrique. Tout y coïncide avec les lois rythmiques et après la séparation déjà indiquée entre la rythmique et la métrique, c'est là qu'elles furent le plus strictement observées. Les règles métriques sont en vérité les règles rythmiques originaires.

Parmi les mètres il en est quelques-uns qui proviennent de l'époque postérieure à la séparation, parce que nous y trouvons des pieds qui appartiennent plutôt à la rythmique, soumise déjà à la loi des temps, qu'à la rythmique originaire. Il s'agit des pieds choriambiques et ioniques, qui remplacent bien deux pieds iambiques ou

[1] L. c.

trochaïques, puisqu'ils contiennent six temps brefs, mais dans lesquels l'ordre des *thèses* et des *arses* se trouve déjà interverti.

Tous les mètres enfin furent employés généralement κατὰ στίχον. Ils continuèrent d'être chantés en Grèce, ils ne les furent probablement plus à Rome.

Je passe à la rythmique. Elle a pour base les mêmes pieds que la métrique, mais il y a ici une grande liberté de substitution des pieds pourvu qu'ils satisfassent à la loi des temps. Les pieds se combinent en cola, qui conservent ici une certaine indépendance et ne se soumettent qu'à l'unité supérieure des périodes. Les périodes à leur tour entrent en qualité de membres dans les strophes. Ni le nombre des pieds dans les périodes, ni celui des périodes dans la strophe n'étaient fixes, le genre rythmique même pouvait changer dans l'intérieur de la strophe. C'était au poète d'en déterminer la forme selon son goût artistique. Quelques-unes des strophes, il est vrai, comme la strophe saphique, furent arrêtées, fixées dans leur forme, mais cette stabilité les transportait de même dans le domaine de la métrique. La rythmique conservait toujours sa liberté de composition.

Nous avons déjà observé que pour saisir le genre du rythme, il faut que le pied soit répété; le mètre doit l'être aussi, pour qu'on le saisisse dans sa qualité de règle. La même condition gouverne aussi les strophes et c'était probablement la raison qui fait que, nonobstant la liberté accordée à la rythmique, les Grecs laissaient dans leurs compositions une antistrophe répondre à chaque strophe. Mais comme il est rare que l'esprit humain dans la poursuite d'un principe artistique ne dépasse pas la borne du beau, des poètes grecs rythmiques s'avisèrent de briser cet ordre encore saisissable et doux à l'oreille, pour faire répondre, comme nous l'a dit Aristide Quint. la dernière strophe à la première, l'avant-dernière à la deuxième et ainsi de suite. Il nous faut compléter le témoignage de cet auteur par celui de Marius Victorinus, qui dit : « *Praeterea reperitur nonunquam huius modi compositio, non ut prima compositio secundae, sicut in strophe et antistrophe respondeat, sed ut prima tertiae, secunda quartae similes habeantur* [1] ». De cette extravagance sortirent des compositions où ne figuraient plus de strophes correspondantes. Voilà le terrain de la rythmique dans le sens postérieur et non pas originaire du mot.

Nous examinerons dans la suite le sort de la rythmique parvenue à ce point extrême de son développement ; en attendant, notons encore quelques remarques de Marius Victorinus, dont nous aurons besoin plus tard [2] : « *Hoc loco non supersederim dicere esse brevia cola, quae post strophen et antistrophen supercini moris est, quaem iam non epodoe sed ephymnia dicentur, ut est* ἰὴ παιάν, *haec enim vel hymnis vel dithyrambis supercini moris est, quae si quando praeponuntur, prohymnia, si autem post antistrophen collocentur, methymnia nuncupabuntur.* » Le grammairien latin atteste que la forme d'éphymnion avait pour berceau la poésie hiératique, où le peuple, qui n'aurait su chanter l'hymne ou le dithyrambe même, renforçait la prière ou la louange prononcée par le prêtre d'une fervente exclamation poussée en chœur. Cette exclamation additionnelle pouvait être placée à la fin de chaque strophe, ou après chaque couple de strophes, ou même au commencement de chacune d'elles, comme dans le psaume de Saint Augustin. Il existait en outre une autre forme additionnelle, bien plus développée, qu'on ne plaçait qu'à la fin de la composition entière. « *Cui varietati*, dit le même auteur, *solent illud adiungere, ut postrema epodos cunctis dissimilis aliquando iungatur, quod non tantum tragici sed et lyrici auctores in epodis saepe fecerunt.* »

[1] L. c., 59.
[2] L. c., 59.

Outre leur théorie musicale, les Romains acceptèrent des Grecs toute la théorie rythmico-métrique, sur laquelle ils fondèrent toute leur versification, mais ils exclurent de leur littérature les compositions lyriques dont je viens de parler. Cette observation importante a été faite par M. Benloew dans les lignes suivantes [1] : « Horace n'osa pas marcher sur les traces de Pindare et désespéra d'imiter, à l'aide du rude instrument dont il disposait, ces édifices strophiques si vastes, si grandioses, si merveilleux de complication et de régularité ». La raison que M. Benloew donne de ce fait est bonne sans doute, bien qu'elle ne soit pas unique. Avant de l'exposer ajoutons que la même tendance vers une composition stichique ou métrique a été remarquée par M. Christ dans les chœurs de Plaute et Térence.

Citons d'abord les opinions des écrivains anciens sur le sujet en question. Cicéron en parle dans les termes suivants : « *Sed in versibus res est apertior, quamquam etiam a modis quibusdam cantu remoto, soluta esse videtur oratio, maximeque id in optimo quoque eorum poetarum qui lyricoi a Graecis nominantur, quos cum cantu spoliaveris, nuda paene remanet oratio, quorum similia sunt etiam apud nostros, quae nisi cum tibicen accessit, orationis sunt solutae simillima, at comicorum senarii propter similitudinem sermonis sic saepe sunt abiecti, ut non numquam vix in eis numerus et versus intellegi possit* ». A en juger d'après ces mots, il semble que les Romains aient préféré le rythme métrique exact à la liberté des rythmes méliques.

Cicéron n'a pas été le seul à juger désavantageusement des formes de la haute lyrique, dans lesquelles les poëtes grecs ont fini par trop abandonner le principe rythmique ordinaire. Denys d'Halicarnasse en parle avec plus de sévérité encore [2] : « *Melici vero,*

---

[1] Précis d'une théorie des rythmes, I, 11.
[2] De comp. verb., ed. Schaeffer, 419.

qui strophas sibimet respondentes faciunt, cum membra unius cuiusque inaequalia sint inter se ac dissimilia, factis itidem dissimilibus inaequalibusque divisionibus, ob utraque haec iustam numerorum perceptionem non sinentes ut animo teneamus, multam odariis suis cum soluta oratione similitudinem adscivere». En continuant, il blâme non seulement la négligence du texte, mais aussi les mélodies trop changeantes, trop diversifiées : «*quin et dithyrambici modos immutarunt dorios et phrygios et lydios eodem cantico adhibentes, alias etiam aliasque fecerunt melodias, modo enharmonicas, modo chromaticas, modo diatonicas ; nec non multa usi libertate, sed legibus solutos potius rhythmos efformarunt, Philoxenum dico, atque Timotheum et Telestem*[1] ».

Il s'est donc opéré dans le monde ancien et surtout chez les Romains une réaction contre la trop grande liberté dans les rythmes de la haute poésie lyrique, qui détermina Horace à s'en tenir à la régularité métrique, et décida Sénèque à s'en rapprocher dans les chœurs de ses tragédies. Il les compose presque κατὰ στίχον, car s'il ose quelquefois varier ses chants, ce n'est qu'en entremêlant des mètres différents. Les vers d'Horace sont connus de tout le monde, mais voici une liste des mètres dont se sert Sénèque dans les chœurs de ses tragédies[2]. Nous y relevons :

1. Des hexamètres (*Œdipe*, 851, ed. Peiper et Richter) ;
2. Des septenaires (*Médée*, 749) ;
3. Des senaires (*Médée*, 763) ;
4. Des asclépiades (*Hercule fur.*, 528) ;
5. Des dimètres iambiques (*Agamemnon*, 796) ;
6. Des dimètres iambiques catalectiques (*Médée*, 882) ;

---

[1] M. H. Lavoix se trompe donc en disant que la modulation n'existait pas dans la musique ancienne ; voy. Recueil de motets ed. G. Raynaud, II, 237.

[2] Je n'affirme pas que cette liste soit complète.

7. Des tétramètres anapestiques brachycatalectiques (*Hercule fur.*, 125);

8. Des hendécasyllabes saphiques (*Hercule fur.*, 865).

On ne saurait trop insister sur l'importance historique de ce fait, car nous rencontrons des rythmes qui furent changés en mètres et qui sont en même temps des mètres redevenus rythmes. C'étaient des rythmes, puisqu'ils avaient été employés dans les chœurs et dans les odes, c'est-à-dire dans des compositions méliques; c'étaient des mètres, puisqu'ils sont soumis à la sévérité métrique et employés κατὰ στίχον. Les deux domaines sont près de se confondre et nous devons nous attendre à les voir échanger et entremêler leurs qualités respectives.

V

La rhétorique latine contient quelques notions et quelques éléments particuliers qui se retrouvent dans la poésie latine et surtout dans la poésie du moyen âge.

Les éclaircissements que les théories de la rhétorique pourraient fournir à l'histoire de la poésie sont interdits à quiconque cherche l'origine des arts musicaux dans une poésie et dans une musique spontanées et populaires. Mais pour celui cependant, qui, comme nous, les a placés dès l'abord sur le terrain artistique, cette direction des recherches est non seulement permise mais encore commandée. Tout art peut, cela est vrai, subir l'influence d'un autre art qui lui est voisin. Nous allons examiner si, véritablement, les théories de la rhétorique nous permettent d'élucider quelques points obscurs de notre sujet.

Dans les harangues primitives l'orateur éprouvait déjà trop de difficultés à énoncer ses pensées dans un certain ordre logique et persuasif, pour qu'il songeât à les embellir par des figures de rhétorique recherchées et surtout par les cadences rythmiques des paroles. Mais la matière rythmique, c'est-à-dire les syllabes longues et brèves se rencontrent aussi bien dans la prose, dans la langue usuelle, que dans la poésie et, après l'établissement d'une théorie rythmique pour la poésie, il était à prévoir qu'un esprit avide de progrès et de nouveauté appliquerait de quelque façon cette théorie à la rhétorique, qui avait été instituée dans l'intervalle. Des poètes lyriques qui étaient en même temps rhéteurs s'emparèrent de cette nouvelle branche de l'art et introduisirent dans la rhétorique des éléments de la rythmique poétique. Cicéron, qui semble avoir une connaissance approfondie de l'histoire de son art, nous dit que les cola du dithyrambe, servaient d'ornements à tous les discours.[1] « *Inde ille licentior et divitior fluxit dithyrambus, cuius membra et pedes ut ait idem* (Theophrastus) *sunt in omni locupleti oratione diffusa.* » Isocrate, avait donné le premier exemple de cette nouvelle application, il fut suivi par Naucrate. « *Namque haec duo musici*, dit Cicéron,[2] *qui erant quondam eidem poetae, machinati sunt ad voluntatem versum atque cantum, ut et verborum numero et vocum modo, delectatione vincerent aurium satietatem. Haec igitur duo, vocis dico moderationem et verborum conclusionem, quoad orationis severitas pati posset, a poetica ad eloquentiam traducenda duxerunt* ». Le célèbre écrivain parle ici de deux innovations introduites dans la rhétorique : d'abord quelque rythme : *verborum numerus, conclusio, versus*, en outre quelque chant : *vocum modus, cantus, moderatio*. Examinons ces deux nouveaux éléments en commençant par le second.

Les discours des orateurs de l'antiquité accusent-ils des traces de chant ? Les accents formaient sans doute une certaine mélodie, même dans les discours familiers, où elle était pourtant moins marquée. Elle fut rehaussée dans les discours publics lors de l'introduction de cadences rythmiques, et cette étroite liaison entre le rythme et le chant est une nouvelle preuve en faveur de l'induction que nous avons exposée plus haut.

Pour mettre mieux en évidence, l'importance dont jouissait l'élément mélodieux dans les langues et spécialement dans les discours oratoires antiques, je citerai un passage de Quintilien :[3] « *nam Cicero illos ex Lycia*

---

[1] De oratore, III, 48.
[2] L. c. III, 44.
[3] Institut., XI, c. 3.

et Curia rhetores pene cantare in epilogis dixit. Nos etiam cantandi severiorem paulo modum excessimus... Quid ergo ? non et Cicero dicit esse aliquem in oratione cantum obscuriorem? » Puis il continue, en combattant l'excès du chant dans les discours: « *Quod si omnino recipiendum est, nihil causae est, cur non illam vocis modulationem fidibus ac tibiis, imo mehercule, quod est huic deformitati proprius, cymbalisadiuvemus.... Ostendam non multo post ubi et quatenus recipiendus sit in oratione hic flexus, et cantus quidem, sed quod plerique intelligere nolunt, obscurior* ». Tout en s'opposant à l'abus du chant dans les discours oratoires, il reconnaît qu'il y entre pour une grande partie.

Il nous faut recourir de nouveau à Cicéron pour apprendre de quelle façon se manifestait le rythme dans la rhétorique, question dont nous allons nous occuper. Voici ce qu'il en dit : « *neque vos paeon aut herous ille conturbet, ipsi occurrent orationi, ipsi, inquam, se offerent et respondebunt non vocati. Senarios vero et hipponacteos effugere vix possumus, magnam enim partem ex iambis nostra constat oratio.* On pourrait craindre, à en juger d'après ces paroles, que le discours ne fut changé en vers. Mais il n'en est pas ainsi : « *in quod illud est vel maximum,* ajoute Cicéron, *quod versus in oratione si efficitur coniunctione verborum, vitium est, tamen etiam coniunctionem sicuti versum* NUMEROSE CADERE *et quadrare et perfici volumus.* [1] Outre la rectification que nous attendions, nous trouvons dans le passage précédent les mots *numerose cadere,* expression très remarquable, que plus d'un philologue a cherché à expliquer sans y réussir. On croit généralement qu'elle se rapporte à un rythme fondé sur l'accent, mais il n'en est pas ainsi. Cicéron l'oppose au *versus,* d'autres grammairiens à *numerum servare,* ce qui forme la même antithèse. Nous venons d'apprendre en outre, que le *nu-*

[1] l. c., 49.

merose cadere se séparait du *versus*, du *numerum servare* par quelque relâchement de la forme, par l'interversion de l'ordre des pieds : « *relaxat immutatione ordinis* », mais cette question n'est pas encore suffisamment élucidée, et voici un autre passage de Cicéron qui nous sera très utile à cet égard : « *Oratio numerosa habetur, atque in dicendo numerosum putatur, non quod totum constat e numeris, sed quod ad numeros proxime accedit*[1]. Ce sont les premiers et les derniers pieds qu'il faut construire d'après les règles : « *et si primi et postremi pedes sunt hac ratione servati, medii possunt latere.* » La fin des propositions l'emporte encore sur le commencement : « *clausulas autem diligentius etiam servandas esse arbitror, quam superiora, quod in eis maxime perfectio atque absolutio indicatur.* » Je m'arrête ne voulant pas surcharger ce chapitre de passages analogues de Denys d'Halicarnasse,[2] de Quintilien, etc.;[3] les paroles de Cicéron, que nous venons de citer, suffisent complètement, comme nous le verrons dans la suite.

Ce ne sont pas là les seuls éléments communs à la poésie et à la rhétorique. En étudiant les traités antiques sur la rhétorique, nous sommes étonnés d'y voir tant de fois expliquée la notion de la rime, comme si c'étaient des manuels de la poétique moderne. N'existe-t-il donc aucun lien entre la rime moderne et la rime antique ? Au commencement de ce siècle, les historiens de la littérature cherchaient l'origine de cet ornement de la poésie moderne dans la poésie arabe, d'où il se serait introduit dans la poésie européenne du moyen âge par l'intermédiaire de l'Espagne. Cette supposition est tout à fait inadmissible, car la rime allemande et la rime française ont fait leur apparition avant la rime espagnole, et l'Europe en avait eu connaissance non seulement avant l'énergique entrée des Arabes dans notre histoire, mais

[1] Orator, 58.
[2] Compositio verb. XXV.
[3] Inst. I, 10; IX, 4.

— 94 —

avant toute trace de poésie arabe en général. M. Fuchs[1] et M. W. Grimm[2] ont été les premiers à recueillir de nombreux exemples de la rime dans la poésie antique. Mais comme elle apparaît aussi dès le début de la poésie allemande, dans Otfried, et qu'on ne voulait pas reconnaître son origine latine, on eut recours à la poésie populaire, croyant que c'était là qu'elle avait pris naissance spontanément. On n'a pas voulu constater que dans les vers composés par des gens du peuple, même encore de nos jours, la rime fait complètement défaut, ou est très imparfaite, parce que de tout temps elle a été assez difficile à trouver.

Il eût été plus simple de faire dériver la rime européenne de la source où elle se manifeste le plus tôt et le plus fortement, c'est-à-dire de la littérature latine, et les travaux de M. Fuchs et de M. Grimm auraient dû nécessairement conduire à cette source. Mais voici M. W. Meyer de Gœttingue qui ne voit là qu'une pure illusion, en déclarant : « *der Reim, welcher bei Commodian und Augustin auftritt ist ohne Beispiel in der quantitirenden Poesie*[3] ». Il est vrai que la rime n'est pas employée, dans la poésie métrique, à la manière de Commodien et de saint Augustin, toutefois, elle s'y trouve et dans une forme bien plus parfaite. Voici celle qu'elle revêt dans Plaute :

    Non internosse posset quae mamam dab*at*
    Neque adeo mater ipsa quae illos pepere*rat*
    Ut quidem ille dixit mihi, qui pueros vide*rat*
    Ego illos non vidi, ne quis vostrum cens*eat*.

Une autre manière de rimer se trouve dans Properce[5] :

---

[1] Die romanischen Sprachen, 1849, p. 285, seqq.
[2] Zur Geschichte des Reims. Abhg. d. k. Ak. zu Berlin, 1851, p. 521, 627, seq.
[3] Abhg. d. k. bayr. Ak. tome LIX, p. 371.
[4] Menaechmi, 20-24.
[5] III, 32, 83.

> Haec quoque profecto ludebat Iasone Varro
> Varro Leucadiae maxima flamma suae
> Haec quoque lascivi cantarunt scripta Catulli
> Lesbia quis ipsa notior est Helena
> Haec etiam docti confessa est pagina Calvi
> Cum caneret miserae funera Quintiliae.

Il est évident que Properce cherche à embellir son éloquente période par l'assonance, semblable à celle de Commodien et de saint Augustin, et qu'il en pousse l'application jusqu'à la dernière limite permise dans l'art antique.

Malgré les nombreux exemples, dans la poésie antique, de vers métriques rimés d'une façon similaire, bon nombre de savants s'obstinent à déclarer que la rime n'y est qu'accidentelle. Pour les convaincre, il suffira de démontrer que l'art antique possédait une conscience claire et nette de cet embellissement, et les témoignages sont si nombreux qu'on n'a que l'embarras du choix. Déjà Cornificius, le plus ancien des rhéteurs latins, distingue deux genres de rime[1]: « *exornatio similiter cadens, et exornatio similiter desinens. Similiter desinens est, quom tametsi casus non insunt in verbis, tamen similes exitus sunt, hoc pacto: turpiTER auDES faCERE, nequiTER stuDES diceRE: vicIS inviDIOSE, delinquIS studIOSE, loquerIS ODIOSE; item audaciTER territAS, humiliTER placAS.*

Similiter cadens exornatio appelatur, quom in eadem constructione verborum duo aut plura sunt verba, quae similiter isdem casibus ecferuntur, hoc modo: hominEM faudEM egentEM virtutis abundantEM felicitatis? etc. Ces deux genres de rime ont un très grand rapport de forme et il était aisé de les confondre: « *haec duo genera inter se vehementer conveniunt, et ea re qui his bene utuntur plerumque simul ea conlocant in isdem partibus orationis.*

Dans les exemples donnés par Cornificius, nous trou-

---

[1] Rhetorica ad Herennium ed. Kayser, IV, 22.

vons non seulement des rimes, mais déjà des rimes accumulées, comme dans quelques compositions du moyen âge. Mais lui-même blâme la trop fréquente application de cet ornement, en disant : « *haec proxuma genera exornationum per raro sumenda sunt quom in veritate dicimus, propterea quod non haec videntur reperiri posse sine elaboratione et sumptione operae, eius modi studia ad delectationem quam ad veritatem videntur adcommodatiora* ». L'usage de la rime était donc plus libre, selon lui, dans les genres qui servaient au plaisir, *ad delectationem*, par exemple dans la poésie, que dans la prose oratoire qui était plus sévère. Ceci prouve que la rime dans les vers attribués à Ennius : « *haec omnia vidi inflamm*ARI... *evit*ARI... *turp*ARI » ; ou dans les hexamètres de Cicéron :

> Cedant arma togae. Concedant laurea linguae
> O fortunatam natam me consule Romam.

ou encore dans les sénaires de Varron : « *neque orthophallica attulit psalter*IA... *dicter*IA... *exord*IA, que dans tous ces cas et dans d'autres encore, la rime n'était pas accidentelle mais placée à dessein.

Il faut nous rappeler maintenant la règle observée quelquefois dans la rhétorique, qui donne aux membres des propositions la même longueur, et jusqu'au même nombre des syllabes : «ἐπὰν ἴσας ἔχῃ τὰ κῶλα τὰς συλλαβὰς, dit Démétrius[1]. On les appelait alors *isokola*, mais quand, outre leur égalité approximative, elles étaient ornées de la rime, alors on les nommait *parisa* ou *compares* : « *compar appellatur, quod habet in se membra orationis quae constant ex pari fere numero syllabarum hoc modo:*

> In praelio mortem parens oppetebat
> Domi filius nuptias comparabat
> Haec omnia graves casus administrabant[2].

---

[1] De elocutione, § 25.
[2] CORNIFICIUS, l. c.

Un autre rhéteur, Aquila Romanus, nous en donne l'exemple suivant : [1]

Neque gratia et divitiis locupletum corrup*tus*
Neque minis et denuntiatione potentium perteri*tus*
Neque difficultatibus et magnitudine rei a proposito deiec*tus*.

Les cola oratoires se rapprochent ainsi de vers rimés. Mais il y a plus : les mots *similiter desinentes et cadentes* avaient en même temps la même quantité dans les syllabes finales et c'est ce qui, joint à l'égalité approximative des cola, constituait le rythme oratoire selon ce que dit Cicéron lui-même : *Formae vero quaedam sunt orationis, in quibus ea concinnitas est ut sequatur numerus necessario, nam cum aut par pari refertur, aut contrarium contrario opponitur*[2], *aut quae similiter cadunt verba verbis comparantur, quicquid ita concluditur, plerumque fit ut* NUMEROSE CADAT ». Il y avait donc dans la rhétorique latine des cadences rythmiques, qui étaient obligatoires à la fin de certaines propositions. Ces propositions étaient assez souvent d'une égale longueur entre elles et, souvent aussi, ornées de la figure de rhétorique du *similiter desinens* et du *similiter cadens*, qui, consistant en des formes de flexions égales, étaient à leur tour presque toujours d'égale quantité, et formaient un pied rythmique final régulier. La cadence finale des propositions en question était donc à la fois rythmique et rimée, et cette coïncidence éclaire la transformation du mot *rhythmus* et de son sens dans celui du *rims* (prov.) avec la signification de la *rime*.

Cette excursion dans le domaine de la rhétorique ne nous eût-elle valu que cet éclaircissement, elle ne serait pas restée sans fruit ; mais nous y avons trouvé en même temps la preuve que la rime du moyen âge ne peut avoir d'autre source que la rhétorique latine. Qu'il nous soit permis d'y insister fortement, parce que cette dé-

---

[1] Rhetores latini minores ed. HALM, p. 30.
[2] Cicéron parle de l'antithesis, à laquelle on donnait volontiers une égalité de longueur.

monstration constitue une preuve incontestable contre toute spontanéité, et une autre non moins forte en faveur de nos opinions.

En établissant que l'allitération dans la poésie du moyen âge nous semble avoir la même origine, nous nous trouverons sans doute en présence d'une plus vive opposition, mais nous espérons l'atténuer par des témoignages importants.

Il serait superflu de vouloir prouver par de nombreux exemples que l'allitération avait été fréquemment employée par les poètes latins depuis Ennius, puisque les travaux de Nacke, Fuchs, Theobald, Lorch, Buchholtz, Huemer et surtout ceux plus récents de MM. Landgraf et Woelfflin [1] l'ont non seulement constaté, mais, de plus, ont relevé l'immense étendue de l'application de cet ornement dans la poésie aussi bien que dans la prose latine. Surgit alors une question nouvelle, celle de savoir si la langue populaire latine, qui se transforma plus tard en langues romanes, contenait, elle aussi, de pareilles allitérations. La réponse fournie par les recherches de Mme Caroline Michaelis [2] et de M. Leiffoldt [3] a été affirmative.

Ici encore la rhétorique latine nous fera connaître la manière dont les Romains envisageaient cet agrément de leur style. Aquila Romanus [4] l'appelle παρονομασία et l'interprète par *levis immutatio:* « *Haec figura, dit-il, ita ornat orationem, ut in nomine aut in verbo interdum syllaba, nonnunquam litera immutata diversa significet, ut si velis sic enuntiare :* PRÆTOR *iste vel potius* PRÆDO *sociorum. Et frequens illud apud veteres eius modi est: cui quod* LIBET, *hoc* LICET. »

Julius Rufianus [5] donne à cette figure un sens un peu

[1] La littérature concernant ce sujet se trouve spécifiée dans le travail de M. WÖLFFLIN; voy. Sitzungsberichte der philos. philologischen Classe d. k. Ak. zu München, 1881.
[2] Studien zur romanischen Wortschöpfung, 1876.
[3] Etymologische Figuren im Romanischen, 1883.
[4] Rhetores latini ed. HALM, p. 30.
[5] L. c., 51.

différent, en disant : « *latine dicitur adnominatio vel adfictio, et est* παρονομασία *secundum praedictum verbum positio alterius, ipso poscente sensu, ut apud Terentium: nam inceptio est* AMENTIUM *haud* AMANTIUM, *et : Tibi erunt parata* VERBA *huic homini* VERBERA. » Le premier exemple contient une véritable *adnominatio*, mais le second n'en a plus que l'apparence. Le sens de cette figure de rhétorique échappait à notre auteur.

Un autre rhétoricien interprète παρονομασία par *denominatio, quae similitudinem verbi conflectit ad auditoris affectum*. Impressionner l'auditeur, tel est le vrai but de cette forme d'élocution.

Il paraît que du temps de Martianus Capella l'usage de cet ornement était déjà très répandu, car en en décrivant plusieurs formes il blâme l'abus auquel il donne lieu.[1] « *Jam compositionis praecepta percurram, cuius vitium maximum est, hiulcas et asperas, frenos etiam, iotacismos, mytacismos, labdacismos, homoeoprophora non vitare, vel cuiuslibet litterae assiduitatem in odium repetitam, ut : sale sala sonabant, et : casus Cassandra canebat.*

Mytacismus est, cum verborum coniunctio M *litterae assiduitate colliditur, ut si dicas : mammam ipsam amo quasi meam animam. Labdacismus, ubi* L *plurimum dissonat ut si dicas : sol et luna luce lucent alba leni lactea ; Iotacismus ut si dicas : Junio Juno Jovis iure irascitur. Polysigma, ubi* s *litera crebrius geminatur : Sosia in solario soleas sarciebat suas. Homoeoprophoron est, cum dicitur : o Tite tute Tati tibi tanta tyranne tulisti.* » Ce qui avait été *adnominatio* dans Julius Romanus est devenu ici une *adliteratio* qui envahissait non seulement les initiales des mots, mais encore leur intérieur. Bien qu'on aimât mieux répéter les sons duratifs, comme *m, l, r, s*, on n'excluait, à ce qui semble, aucune lettre de cette application.

[1] L. c., 474.

Le blâme de Martianus Capella, qui portait surtout sur cette allitération intérieure, paraît n'être pas resté sans influence, car Bède ne connaît plus cette abusive répétition du même son dans l'intérieur des mots. Voici ce qu'il enseigne: « *Paronomasia, id est denominatio, quotiens dictio paene similis ponitur in significatione diversa, mutata videlicet littera vel syllaba.* » Cette règle ne donne pas toujours l'allitération, par exemple: *spes — res;* mais elle la donne très souvent: *praetor — praedo.* Bède continue: « *parhomeon est, cum ab isdem litteris diversa verba ponuntur.* » C'est la vraie règle de l'allitération. L'écrivain anglo-saxon préfère puiser ses exemples dans la Bible, ce qui a contribué sans doute à les faire accepter par les poètes chrétiens de toutes les nations.

D'après les témoignages que nous venons de citer, on peut distinguer plusieurs formes différentes qui conduisaient à l'allitération, et qui toutes se rencontrent déjà dans les premiers écrivains latins, dans Ennius, Livius Andronicus, etc. Les unes appuient le sens des mots, les autres les sons, en quoi elles ressemblent à la rime, qui appuie aussi les sons. Mais la rime relève les voyelles qui sont faciles à prononcer et agréables à entendre, tandis que l'allitération relève les consonnes, dont la qualité est entièrement opposée à celle des voyelles. Laquelle de ces deux formes *adnominatio*, ou bien *alliteratio* est donc la plus ancienne? Nous votons pour la première, parce qu'il est très facile de trouver une explication satisfaisante de son origine, tandis que l'autre n'est plus, à notre sens, qu'un enfantillage. L'*adnominatio* était dans son origine plutôt une *adradicatio;* elle consistait dans la répétition du même radical dans des formes diverses. Par cette répétition on voulait renforcer la notion principale, on voulait impressionner l'auditeur: *Tortore tortus, venena venenorum, occidione occidi, fidus fidelis, liber liberalis,* etc. La probabilité de cette explication est augmentée par l'apparition de la même figure dans le Rig-Veda : [1]

> rasûyavo rasupate rasûnâm....
> dámanvato addmánah sudáman....

Ajoutons encore quelques exemples slaves : « ostavljat menja gorjušu goregorkuju : na vieki-to menja da viekoviečnyj. » [2]

Le souvenir de cette figure expressive s'est conservé chez les Romains dans l'*adnominatio*. Ils créèrent bientôt à côté d'elle une autre figure où ils accouplaient deux mots à la signification complémentaire et au son semblable, mais qui ne dérivaient plus du même radical : *vinctus — verberatus; viduitatem — vastitudinemque; fruges — frumenta; vineta — virgultaque; pastores — pecuaque*. On voit que cette figure, d'une force encore très considérable, remplaçait dans certains cas la figure originaire, qui n'était pas applicable partout, toutefois elle ne laissait pas de conduire vers la simple allitération, au parhomoeon, forme déjà très alambiquée qui ne contenait plus qu'une ombre de la forme primitive et perdait toute sa signification originaire.

Notre explication vient de recevoir, d'un autre côté encore, un nouvel appui. Les travaux de MM. Landgraf et Wölfflin [3] ont prouvé que c'était la forme originaire de cet ornement oratoire qui s'était le plus répandue et maintenue dans la langue latine. On la remarque aussi fréquemment dans les littératures romanes du moyen âge : *le moulin moulait; li venz venta; vantent tuit li vent; le luen regné regne; beau mariniers qui marines; la tor qui vers le ciel torelle; li chevaliers qui chevaucha; or morrons la mort; il parole une parole; ont une parole porparlée; oï un cri crier*. Ces

---

[1] Ludwig : Rig-Veda, III, 93-99.
[2] Barsow : Plači pohoronnyje i nadmogilnyje, Moskva, 1872.
[3] Ueber die alliterirenden Verbindungen der lateinischen Sprache, 1887. Sitzungsb. d. k. Akad. zu München.

quelques exemples sont puisés dans l'étude de M. Leiffholdt[1].

On peut admettre sans hésitation qu'une tendance vers cette figure était déjà née au sein de la langue aryenne commune, puisque les Hindous et les Slaves en ont conservé un certain usage, développé surtout chez les Romains. Mais il serait téméraire d'admettre que partout où nous trouvons l'allitération au lieu de l'adradication, cette conversion soit un fait autochtone et populaire. Le changement en question n'a pu être opéré que par une école de lettrés, qui ne se tenaient plus qu'à une forme vide de sens. L'allitération comparée à l'adradication n'est plus une figure psychologique affectant l'âme de l'auditeur, mais une figure purement écrite, saisissable plutôt par la vue que par l'entendement ou même par l'ouïe.

Or, nous voyons que dans la versification germanique l'allitération a la valeur d'un principe. Y est-elle ou non autochtone? Question importante et difficile à résoudre. Pour y arriver, il faut avoir présent à la mémoire l'état d'esprit des peuples germaniques à l'époque de leurs premiers essais littéraires, époque en même temps de leur conversion au christianisme. La langue, la poésie, la musique, tous les arts, toute la culture latine s'imposaient fortement à eux; ils étaient avides de se l'approprier; ils se seraient bien gardés de puiser les éléments de leurs arts naissants dans l'esprit du peuple, qu'ils savaient inculte et barbare: leur souci dominant était de se parer de la science, qui était latine.

Beaucoup d'autres faits, que je ne pourrais tous exposer ici, corroborent l'hypothèse que l'allitération des Germains leur est venue du dehors. Les Slaves ne la connaissent pas, c'est donc un courant artistique occidental qui la porta aux Germains. Ne se présentant que sous la forme la plus dérivée elle ne se lie plus ici à l'adradication, comme chez les Romains. C'est donc sur la base de

---

[1] Etymologische Figuren im Romanischen, 1883.

la rhétorique latine, si bien connue par Bède, Aldhelm et d'autres, qu'on parviendra à l'expliquer d'une manière plus satisfaisante et plus scientifique que sur le sable mouvant de la spontanéité.

Le chemin que suivit l'allitération pour arriver chez les Germains est facile à tracer. Il faut d'abord supposer connus dans la sphère d'influence de Rome tous les livres traitant le sujet en question, qui sont parvenus jusqu'à nous et beaucoup d'autres encore qui sont perdus. Il faut se souvenir des écoles de rhétorique existant en Gaule au sixième et au septième siècle où l'allitération semble avoir été tenue en estime. Voici des exemples qu'en donne Virgilius Maro : « *Sapiens sapientiae sanguinem sugens sanguisuga venarum facta vocandus est. Aemilius quoque rhetor*, dit-il, *eleganter ait : primae partis procerae pleni pupis erant* ». Considérée comme élégante, l'allitération était recherchée par Venantius Fortunatus: « *foedera fida fides formosat foeda fidelis* », par Grégoire le Grand, par Eugène de Tolède. Elle devint de plus en plus fréquente dans la poésie latine de l'époque carolingienne et il suffira de citer ici les vers suivants de Milon de Saint-Amand :

>Pastores pecorum primi pressique pavore
>Conspicuos cives carmen caeleste canentes
>Audivere astris arrectis auribus ; auctor
>Ad terras...

Elle passa de bonne heure chez les Irlandais, qui en firent usage dans leur poésie latine et ensuite dans leur poésie nationale. L'exemple des Irlandais fut suivi par les Anglo-Saxons, quoique ces derniers aient puisé les mêmes règles dans les écrivains latins. Virgilius Maro, le grammairien, se trouve cité deux fois par Aldhelm[1]. Les Anglo-Saxons, qui ont fourni la seconde série d'apôtres aux Allemands leur enseignèrent l'emploi de l'allitération dans la poésie. Les Scandinaves, de leur côté, l'apprirent, eux aussi, des Anglo-Saxons.

[1] Angelo Mai, Scriptores class., V, p. 520, 516.

D'ailleurs, est-il déjà définitivement établi que l'allitération soit le principe rythmique proprement dit de la versification germanique? Nous en doutons, et il est fort possible qu'elle n'y ait été qu'un ornement de style, tout comme chez les Romains. L'application de ce principe est bien autrement réglée dans l'ancienne poésie germanique qu'elle ne l'est dans la poésie latine, nous l'admettons. L'objection est grave, mais elle n'est pas irréfutable. L'allitération germanique ne porte que sur des mots importants au point de vue syntactique, mais déjà Aquila Romanus nous a dit, en anticipant sur la règle germanique, que la παρονομασία s'effectue par les noms et par les verbes. Cette règle latine est bien fondée dans l'adradication parce que les dérivés des verbes et des noms sont presque toujours d'autres verbes ou d'autres noms; elle n'est plus qu'une règle scolaire et arbitraire dans l'allitération.

Autre différence: les vers germaniques ne contiennent que trois ou quatre mots allitérés, tandis que les vers latins en sont surchargés. Mais voici une remarque d'Isidore de Séville, qui est incontestablement antérieure à tout poème germanique allitéré[1]: *Paromoeon est multitudo verborum ex una littera inchoantium quale est apud Ennium: o Tite tute Tati tibi tanta tyranne tulisti; sed hoc bene temperat Virgilius, dum non toto versu utitur hac figura ut Ennius, sed nunc in principio versus tantum, nunc in medio, ut:*

Quaeque *lacus late* | *liquidos*, quaeque aspera dumis *nunc autem in fine, ut:*

Sola mihi tales casus | Cassandra canebat.

C'est entièrement déjà la règle germanique. Il faut remarquer, en outre, que nous n'avons pas une connaissance complète de tout ce qu'on enseignait dans les écoles de rhétorique ou dans les écoles monastiques depuis Isidore de Séville jusqu'à l'apparition des premiers poèmes ger-

[1] Etymologiarum, I, c. XXXVI.

maniques allitérés. Ces écoles monastiques n'étaient-elles pas des écoles latines? Nous avons vu que dans la poésie ancienne la rime était accidentelle, et néanmoins elle est devenue obligatoire dans la poésie du moyen âge; or, n'est-il pas possible que l'allitération ait été de la même manière rendue obligatoire dans la poésie germanique?

En examinant les vers longs d'Otfrid, nous avons émis l'opinion qu'ils étaient une imitation de l'hexamètre, et nous avons conclu de même à l'égard du vers long germanique à allitération. La preuve en est très difficile à faire, mais voici nos raisons : d'abord c'est l'hexamètre qui est considéré comme le vers principal et le seul digne d'être employé dans la poésie héroïque et il est incontestable que l'Héliand, le Béowulf appartiennent à ce genre de poésie. Nous avons pu remarquer en outre, que c'était dans l'hexamètre que la rime intérieure devint le plus tôt obligatoire, et il paraît aussi que c'était dans ce même vers, à en juger d'après les exemples chez Isidore, que l'emploi de l'allitération fut régularisé. C'est enfin l'imitation de l'hexamètre qui explique le nombre de syllabes trop variable dans les vers longs germaniques.

Il nous paraît donc démontré que la rime et l'allitération dans la poésie du moyen âge proviennent de la rhétorique latine. Mais les rhéteurs latins emploient très fréquemment pour les deux figures en question les noms grecs : παρονομασία et homoeoteleuton dont les noms latins ne sont qu'une traduction. Il est donc clair que la rime, aussi bien que l'allitération, étaient connues des Grecs. Peut-être même faudrait-il remonter plus haut encore, car voici M. Ebers[1] qui nous dit avoir trouvé dans des compositions égyptiennes des exemples non seulement de la rime, mais aussi de l'allitération; bien que les spécimens qu'il en donne ne soient ni nombreux, ni

[1] Zeitschrift für ägyptische Sprache und Alterthumskunde, XV, 43.

assurés. M. Schlottmann, de son côté, soutient que ces figures de rhétorique ont été de très bonne heure adoptées par les Sémites, mais sa démonstration nous paraît très faible. Il n'en apporte d'autres exemples que *tohu vabohu*[1]. Selon M. W. Meyer, ce sont pourtant les Sémites qui ont appris l'emploi de ces agréments de versification à l'Europe chrétienne. Il n'est certes pas impossible que l'antique Orient ait remarqué de très bonne heure la valeur de ces ornements, pas plus que les nations sémitiques et même la Grèce, aient subi l'influence de l'Egypte : ce sont autant de questions qui ne sont pas encore élucidées. Ce que nous savons seulement, c'est que ces deux ornements n'ont été nulle part aussi recherchés que dans la littérature latine.

[1] Zur semitischen Epigraphie, V, VI.

VI

La rythmique séparée de la métrique par la mesure abstraite du temps s'éloigne plus encore de son principe originaire sous la prédominance du chant, et tend à une transformation complète.

Les changements, que nous allons étudier dans le présent chapitre, ont amené la transformation définitive de la rythmique ancienne en celle du moyen âge. Il ne s'agit ici que de la rythmique latine, qui ayant converti les périodes rythmiques en vers métriques, ne présentait plus, mais seulement en apparence, de différences essentielles entre les mètres et les rythmes. Rappelons-nous avant tout que le pied métrique était mesuré par les syllabes, et le même pied rythmique par les temps; l'unité moindre dans les premiers étant une syllabe brève et dans les seconds un temps bref. C'était dans la métrique, nous le savons déjà, qu'on observait précisément les règles rythmiques fondamentales. Cette rigueur dans la règle est constatée par Cicéron[1] avec son éloquence habituelle : « *Quae (metra) tam acrem curam diligentiamque desiderant, quam est illa poetarum, quos necessitas cogit et ipsi numeri ac modi sic verba versu includere ut nihil sit ne spiritu quidem minimo brevius aut longius, quam necesse est.* »

La loi des temps admettait la dissolution des longues en brèves et la contraction des brèves en longues. « *Observabis autem ut temporibus non syllabis pedes dividas* », dit Marius Victorinus[2]. Cela permettait : « *Ut solvantur*

---

[1] De oratore, III, 48.
[2] Gram. lat. VI. 59.

duae longae in quatuor breves et tetrasyllabo pedo pro disyllabo utaris; parique vice quatuor syllabarum brevium tempora in duo contrahantur, quod per necessitatem fieri licet, ut aut divisae numero respondeant aut coniunctae temporum spatiis occurrant. »
Cette liberté de dissolution et de contraction portait surtout sur les rythmes, mais il paraît que c'est elle qui plaisait le moins aux Romains. Ils n'aimaient ni l'instabilité des périodes ni celle des pieds, y trouvant une ressemblance trop forte avec l'*oratio soluta*. C'est ici qu'il faut choisir notre point de départ. Comme nous ne voulons pas encombrer le terrain d'une hypothèse de plus, mais seulement mettre en lumière les opinions des écrivains anciens, nous donnerons à leurs paroles une part assez large, justifiée d'ailleurs par l'importance de la question.

Quintilien est le premier des écrivains anciens qui nous révèle la vraie trace de la transformation du principe rythmique. « *Omnis structura ac dimensio et copulatio vocum constat aut numeris (numeros ῥυθμοὺς accipi volo) aut metro, id est dimensione quadam, quod etiamsi constat utrumque pedibus, habet tamen non simplicem differentiam, nam rythmi, id est numeri, spatio tempore constant, metra etiam ordine; ideoque alterum (h. e. rhythmus) esse quantitatis videtur, alterum qualitatis* ». Il y a des pieds dans les rythmes aussi bien que dans les mètres, mais les pieds rythmiques ne tiennent plus qu'à une quantité, un total de temps, tandis que les pieds métriques exigent une qualité constante, c'est-à-dire un ordre constant entre les deux parties de chaque pied, entre la thésis et l'arsis. «*Sed hoc interest, quod rhythmo indifferens dactylusne ille priores habeat breves an sequentes.*» Un vers rythmique peut contenir un anapeste au lieu d'un dactyle : « *Tempus enim solum metitur, ut a sublatione ad positione idem spatii sit. In versu pro dactylo poni non poterit anapestus aut spondeus, nec paean eadem ratione brevibus incipiet ac desinet.* » La clarté de ces paroles ne laisse rien à désirer. Elles nous apprennent que la rythmique était arrivée à échanger entre eux les pieds de même μέγεθος : les trochées contre les ïambes, les dactyles contre les anapestes, les divers genres des péons entre eux. C'est un changement radical qui s'est opéré sur la base de la loi des temps. Il prouve de son côté que le prétendu ictus ne comptait point dans la rythmique ancienne. Ce point de vue établi, examinons maintenant qui a tort, de la philologie ancienne ou de la moderne, quand nous lisons dans Christ le reproche suivant[1] : « *Die alten Metriker und selbst der Musiker Aristides, p. 37, M. begingen die unbegreifliche Thorheit solche Verse* (ἱνθα τᾶς ἐλαροκτόνου : —∪|—∪|—∪|—∪) *in lauter zweisylbige Füsse zu zerlegen* —∪|—∪|—∪|—∪, *und so gegen den obersten Grundsatz der Rhythmik zu verstossen, dass alle Füsse einer rhythmischen Reihe mit dem gleichen Takttheil beginnen müssen. Darüber also, dass die Analyse der alten Rhythmiker zu verwerfen und jener Vers vielmehr in folgende Füsse zu zerlegen ist* —∪∪|—∪∪|—∪|— *kann unter vernünftigen Leuten kein Zweifel bestehen.* » Un savant de notre époque, fût-il même de la valeur de M. Christ, court bien souvent le risque de n'avoir pas compris l'idée antique, quand il se trouve en contradiction avec la tradition ancienne. Car c'est évidemment M. Christ qui a tort, l'analyse d'Aristide se trouvant dans un parfait accord avec l'explication de Quintilien, et avec toutes les autres règles de la rythmique transformée. L'idée de la rythmique que le célèbre philologue allemand veut introduire dans l'art antique n'est qu'une fantaisie de Bentley et de G. Hermann. C'est la notion de l'ictus confondue avec l'accent et avec l'arsis. Elle est naturellement étrangère à Aristide, comme à la rythmique ancienne tout entière.

Nous comprendrons dorénavant mieux pourquoi les grammairiens latins insistent de plus en plus sur la loi

[1] Metrik, 373.

des temps dans les rythmes, en l'opposant à la loi des pieds métriques.« *Namque metrum certique pedes numerusque coërcent, dimensa rhythmum continet lex temporum* », dit Terentianus Maurus[1]. Nous lisons dans Mallius Theodorus[2] : « *Signa autem apud poetas lyricos aut tragicos quispiam repererit in quibus certa pedum conlocatione neglecta sola temporum ratio considerata sit, meminerit ea, sicut apud doctissimos quosque scriptum invenimus, non metra, sed rhythmus appelari oportere.* » Il ajoute même encore une fois : « *Si quid ergo praeter haec, quod non ad certam pedum legem, sed ad temporum rationem modumque referatur, vel scribet quispiam vel ab alio scriptum leget, id non metrum, sed rythmon esse sciat.* »

Il faut bien se représenter toutes les conséquences de la liberté introduite dans la rythmique par la loi des temps. L'échange d'un pied contre un autre n'était pas borné à un seul pied par colon, ou par vers, il pouvait embrasser plusieurs pieds, tous même, pourvu que la mesure des temps fût gardée. Un vers d'une telle composition était acceptable, mais seulement comme rythmique.

Examinons maintenant l'influence du chant. Nous devons insister sur ce fait que, dans les rythmes, la composition du chant était l'œuvre principale.« *Inter metrum et rhythmum hoc interest, quod metrum circa divisionem pedum versatur, rhythmus circa sonum, quod etiam metron sine psalmate prolatum proprietatem suam servat, rythmus autem numquam sine psalmate valebit* », dit Attilius Fortunatianus[3]. Or, les compositeurs anciens arrivèrent à manier le texte de la même façon que font les modernes, se souciant fort peu de la valeur quantitative des syllabes. Ils prolongeaient les longues et diminuaient les brèves : « *Inter metricos et musicos propter spatia temporum, quae syllabis com-*

---

[1] Gram. lat. VI, 374.
[2] l. c., 583, 585.
[3] Gram. lat. VI, 250, 282.

prehenduntur, non parva dissensio est, nam musici non omnes inter se longas et breves pari mensura consistere, siquidem et brevi breviorem et longa longiorem dicant posse syllabam fieri », voilà ce que nous apprend Marius Victorinus [1]. Il le répète encore une fois d'une façon un peu différente, en disant : « *At haec (syllabas) musici qui temporum arbitrio syllabas committunt in rhythmicis modulationibus aut lyricis cantionibus per circuitum longius extentae pronuntiationis tam longis longiores quam rursus per correptionem breviores brevibus proferunt.* » La mélodie s'affranchissait de la loi métrique, de même qu'elle s'était affranchie jadis de la limite des accents. Elle modulait les longues et les brèves de ses tons, non plus selon les syllabes du texte, mais selon l'impression qu'elle voulait produire. Elle prolongeait les longues et diminuait les brèves, et n'aurait-elle pas pu prolonger les syllabes brèves et diminuer les longues ? Point de doute; voici, en effet, ce qu'en dit le même auteur [2] : « *Rhythmus autem ut volet, protrahit tempora, ita ut breve tempus plerumque longum efficiat, longum contrahat.* » Afin de ne pas nous borner au seul témoignage de Marius Victorinus, signalons ce passage de Saint Augustin, qui fut, on le sait, un des meilleurs rythmiciens de l'antiquité: « *At vero musicae ratio, ad quam dimensio vocum rationabilis et numerositas pertinet, non curat nisi ut corripiatur vel producatur syllaba, quae illo vel illo loco est secundum rationem mensurarum suarum. Nam si eo loco, ubi duas longas poni decet, hoc verbum (cano), posueris, et primam quae brevis est, pronuntiatione longam feceris, nihil musica omnino offenditur* [3]. » Puisque le savant auteur a relâché un peu les liens qui unissent la musique à la rythmique, il faut la rétablir par un passage de Denys d'Halicarnasse où nous ap-

---

[1] L. c., 39.
[2] L. c., 42.
[3] De musica, l. II, c, n. 1. Patrologia, XXXII, p. 1082.

prenons en même temps que la liberté rythmique, dont nous parlons, avait été connue et pratiquée dès l'époque classique de la littérature romaine, et même probablement avant les Grecs, « *Nam oratio soluta neque nominis, neque verbis illius tempora, vi illata, perturbat, sed et longas et breves syllabas, sicuti a natura acceperit, easdem conservat. Has vero rhythmicorum et musicorum scientia minuendo augendoque immutat, ita ut saepissime in contraria deventum sit; etenim syllabis non exigit tempora, sed temporibus syllabas*[1]. »

Le même fait est attesté par Longin[2] que M. Vincent a cité dans son important travail sur trois manuscrits grecs relatifs à la musique : « ἔτι τοίνυν διαφέρει ῥυθμοῦ τὸ μέτρον, ἢ τὸ μὲν μέτρον πεπηγότας ἔχει τοὺς χρόνους μακρόν τε καὶ βραχύν... ὁ δὲ ῥυθμὸς ὡς βούλεται ἕλκει τοὺς χρόνους πολλάκις γοῦν καὶ τὸν βραχὺν χρόνον ποιεῖ μακρόν. » Mais voici l'étrange remarque dont le savant auteur accompagne sa citation : « Jamais ce rapport métrique de la quantité de syllabes longues et brèves, c'est-à-dire le rapport conventionnel de deux à un n'a été admis dans la rythmique. » C'est le contraire qui est vrai, parce que la loi métrique est bien la loi fondamentale rythmique, et tous ces changements, dont nous parlons à présent, n'appartiennent qu'à la rythmique transformée.

Il nous semble donc maintenant établi que la négligence dans l'observation des lois métriques ne provient pas de la corruption de la langue, comme on l'a souvent prétendu, mais bien des facteurs indiqués ici. Il était permis de faire des rythmes exempts de la quantité déjà à l'époque classique, mais on n'a pas voulu se servir de cette liberté tant que la quantité resta sensible dans la langue. C'est pourquoi les rythmes de cette période classique ont d'ordinaire la régularité métrique ; plus tard on profita volontiers de cette liberté, qui aidait à surmonter la difficulté métrique.

[1] De comp. verb. XI, p. 135, ed. Schæfer.
[2] Frag. III, cfr. Notices et extr. XVI. p. 159.

En relevant la notion de la *numerositas* dans la rhétorique latine, notre intention était de nous en servir plus tard, parce qu'elle revient dans la rythmique sous ce même nom et sous différents autres et nulle part elle ne se trouve mieux éclairée que par Cicéron dans ses livres de rhétorique. Le moment est venu de l'appliquer. Aristide Quint. dit justement que toutes les syllabes, quelles qu'elles soient, donnent toujours un certain nombre de temps : « *Sed horum temporum alia rhythmum habentia dicuntur* (ἔρρυθμα), *alia rhythmo carentia* (ἄρρυθμα), *alia rhythmi speciem habentia* (ῥυθμοειδεῖς) ». En expliquant ces termes, il dit: « *Et quidem rhythmum habentia, quae in aliqua ratione mutuum inter se ordinem servant, uti in dupla, sescupla et aliis. Rhythmo carentia, quae penitus sunt inordinata, et absque ratione connexa. Rhythmi speciem habentia, quae inter haec interjiciuntur, atque interdum ordinis rhythmum habentium, interdum confusionis rhythmo carentium sunt participantia*[1] ». Il me semble que le genre de ῥυθμοειδῶν, *de rhythmi speciem habentium* est identique avec le *numerosum*.

Martianus Capella donne les mêmes définitions qu'Aristide; selon lui : *rhythmoïdes in aliis* (*pedibus*) *numerum servant, in aliis despiciunt*[2]. Qu'on rapproche des définitions données par ces deux auteurs ce que dit Cicéron sur le *numerosum*[3], on n'y trouvera aucune différence.

Le passage bien connu de Marius Victorinus[4] : « *Metro quid videtur esse consimile? Rhythmus. Rhythmus quid est? Verborum modulata compositio non metrica ratione, sed numerosa scansione ad iudicium aurium examinata, ut puta sunt cantica poetarum vulgarium* », n'offre pas de difficulté et s'explique de lui-

---

[1] Meibom, II, p. 33.
[2] De nuptiis, IX.
[3] Cfr. notre chap. V.
[4] Gram. lat. VI. 206.

même. Nous savons déjà que la *scansio numerosa* est étrangère à l'accent, que la *compositio modulata* veut dire des vers avec une mélodie ; ce qui signifie *ad iudicium aurium*, nous allons l'apprendre bientôt, en attendant, ajoutons quelques réflexions. Au temps de Marius Victorinus des poètes vulgaires, ignorant les règles métriques, se mirent à composer des vers rythmiques, mais ce serait se méprendre gravement que de supposer que ce genre de versification soit sorti de l'esprit du peuple, car nous avons vu qu'il s'est formé sous l'influence de la technique musicale. L'opinion exposée dans nos préliminaires trouve ici une éclatante confirmation.—Seconde réflexion : selon notre grammairien le rythme ressemble de très près au mètre : « *rythmus est aliquid consimile metro* » ; mais comme il n'y a pas de mètre unique, mais bien des mètres divers, il s'ensuit que les rythmes ressemblent aux mètres, c'est-à-dire un schème métrique quelconque à un schème rythmique correspondant. Nous pourrions presque déclarer qu'un rythme latin n'est rythme qu'autant qu'il est calqué sur un mètre. Pour le moment ce n'est qu'une supposition, que nous verrons vérifiée plus tard.

Nous avons encore à suppléer la fin de la description que Marius Victorinus donne du rythme : « *Plerumque tamen casu quodam etiam invenies rationem metricam in rhythmo, non artificii observatione servata, sed sono et ipsa modulatione ducente.* On rencontre, il est vrai, assez souvent dans les rythmes une certaine régularité métrique qui n'y est cependant qu'accidentelle. On la trouve, dit le grammairien, à l'aide de la mélodie, ou plutôt à l'aide du son qui diffère dans les voyelles longues et dans les voyelles brèves.

En étudiant les descriptions du rythme éparses, dans les écrits des grammairiens latins, on s'aperçoit bientôt qu'ils entremêlent les définitions de presque toutes les phases parcourues par la rythmique, de sorte qu'il en résulte une confusion extraordinaire qui, jusqu'à présent, a empêché les savants d'arriver à une juste notion du sujet. Pour lever les contradictions et faire le jour sur la matière, il fallait distinguer trois différentes époques dans l'histoire du rythme : une où il est identique avec les mètres, l'autre où il s'est séparé des mètres par la loi des temps, et une troisième où il s'est transformé sous l'influence de cette mesure abstraite et sous celle de la mélodie prédominante. C'est ce que nous avons tâché de faire dans le présent travail.

La même confusion se rencontre aussi dans Diomède, écrivain de la fin du troisième siècle. Nous trouvons pourtant chez lui une définition du rythme qui sert de base à la rythmique du moyen âge. Il dit d'abord : « *Rhythmus est pedum temporumque iunctura cum levitate sine modo*[1] ». Que signifie l'expression « *cum levitate* » ? Avec négligence de la quantité. L'autre expression « *sine modo* » est éclaircie par cette autre phrase du même auteur : « *Metrum est compositio* MODUM *positionis sublationisque conservans*[2] ». Si donc *positio* et *sublatio* se rapportent à l'ictus, il s'ensuit nécessairement qu'il n'en avait pas dans les rythmes. Mais il faut prendre cette expression dans le sens d'une suite réglée de longues et de brèves, qui n'était pas observée non plus dans les rythmes.

Avant lui déjà on donnait une autre définition du rythme qu'il répète : « *Alii sic : rhythmus est versus imago modulata, servans numerum syllabarum, positionem saepe sublationemque continens* ». En disant *versus imago*, une image, une copie du mètre on ne faisait que répéter, tout en la précisant, l'idée de Marius Victorinus. Diomède est le premier qui nous a transmis la règle importante sur le nombre de syllabes.

Passons à saint Augustin qui nous fournira une explication de l'expression « *ad aurium iudicium* ». « *Nam aurium iudicium*, répond le disciple à son maître, *ad temporum momenta moderanda me posse habere non*

[1] Gram. lat. I. 473.
[2] L. c. 474.

nego, quae vero syllaba producenda vel corripienda sit, quod in auctoritate situm est, omnino nescio[1] ». L'élève comprenait bien ce qu'étaient le temps long et le temps bref, mais, ne possédant plus le sentiment de l'antique quantité il ne savait quelles syllabes y mettre. Donc, et d'après son propre témoignage le sentiment de la quantité n'existait déjà plus au temps de saint Augustin.

A partir de Diomède la règle syllabique devient règle établie et fixe dans la rythmique. Elle était l'expression la plus naturelle de toute la transformation subie, à la fin de laquelle le rythme s'affranchit de la règle quantitative. Il y avait absence de pieds dans les rythmes sinon par accident. Du schème métrique qu'ils imitaient, ils ne gardaient plus que le nombre typique de syllabes, et la césure, s'il y en avait. Nous savons en outre que la cadence finale, jointe autant que possible à la rime, y était obligatoire.

Voici la définition du rythme, que nous donne Bède le Vénérable : « *Haec de metris eminentioribus commemorasse sufficiat ; videtur autem rythmus esse metris consimilis, quae est verborum modulata compositio non metrica ratione sed numero syllabarum ad iudicium aurium examinata, ut sunt carmine vulgarium poetarum*[2] ». Il ne fait que répéter celle de Marius Victorinus, toutefois il y a changé *numerosa scansio* en *numerus syllabarum*. Il ajoute : « *Quem vulgares poetae necesse est rustice, docti faciunt docte.* » Comment entendre le « *facere docte* » ? C'était suivre la forme du dimètre iambique ou du septénaire trochaïque ou bien d'autres mètres, c'était, à ce qu'il semble, observer la cadence finale.

On voit que le savant Anglo-saxon n'a d'autre notion sur le rythme que celle qui lui avait été transmise par les écrivains latins. Lui-même, comme son contemporain Aldhelm, a beaucoup contribué à répandre la con-

[1] Patrologia, XXXII, p. 1082.
[2] Gram. lat., VII, 258.

naissance de la métrique et de la rythmique anciennes chez les Anglo-saxons, alors nouvellement entrés en contact avec la civilisation latine. Les formes, qui paraissent les avoir charmés ont séduit même des rois, témoin Aedilvald, qui envoyant à Aldhelm un poème rythmique latin avec deux poèmes métriques, s'exprime ainsi [1] :
« *Tertium quoque (sc. genus modulaminis carminum) non pedum mensura elucubratum, sed octonis syllabis in uno quolibet versu compositis una eademque littera conparis linearum tramitibus aptata, cursim calamo perarante caraxatum, tibi sagacissime sator transmittens dicavi:*

> Rector casae catolicae
> Atque ospes athletico
> Tuis pulsatus precibus
> Obnixe flagitantibus... »

Le souverain anglo-saxon, si amoureux de la poésie, aurait-il abandonné l'usage des rythmes nationaux, s'il en avait existé de son temps ? Remarquons en outre, qu'il paraît suivre une règle d'allitération déjà assez précise, qui prescrivait de placer les mots à initiales identiques à la seconde et à la troisième place dans les vers octosyllabiques. Les cadences finales sont rimées et rythmiques, c'est-à-dire ayant la même quantité.

Le témoignage suivant nous est transmis par un manuscrit du XIIe siècle [2] : « *Dicitur autem rithmus a graeco rithmos, i. e. numero, quoniam certa lege numerorum constituendus est. Numerus ergo in ipso notandus est, primo quidem in distinctionibus, postmodum in sillabis et consonanciis* ». L'auteur éveille notre curiosité, comment expliquera-t-il le rythme, c'est-à-dire le nombre, dans les vers, dans les syllabes et dans la rime, mais

---

[1] Jaffé, *Monumenta moguntina*, 37.
[2] Zarncke, Zwei mittelalterliche Abhandlungen über den Bau rythmischer Verse. Berichte d. k. sächs. G. der Wissenschaften, 1871, p. 34.

ceci ne l'embarrasse pas, car pour lui *numerus* ne représente que le nombre arithmétique. « *In distinctionibus autem talis est numerus intuendus, quod plures distinctiones quinque vel pauciores duabus aliquis rithmus habere non potest* ». Il ne concède donc à une strophe que deux vers au moins et cinq au plus, règle qui nous paraît tout arbitraire, et dénuée de tout fondement historique.

« *In sillabis vere talis est numerus adhibendus, quod nulla rithmorum distinctio pauciores quatuor vel plures sillabas sedecim habere prevaleat*. Nous verrons plus tard la même règle répétée par les rythmiciens romains.

« *In consonanciis quidem talis denotandus est numerus, quod in rithmorum distinctionibus sillabae, quae penultimam forte producunt, consonantes quidem vel in duabus sillabis integris vel ad minus in una et dimidia esse necessario oportet*». Le vers « *Gloriose rex coelorum* » exige selon lui une rime en *lorum*, ou au moins en *orum*, « *Si autem in rithmorum distinctionibus penultima corripiatur, necessarium est utique vel in tribus sillabis integris vel ad minus in duabus finalibus integris consonantia demonstretur* ». Le mot *gloriae* exige d'après lui une rime en *oriae*, ou au moins en *riae*, c'est-à-dire qu'il ne juge pas obligatoire que la rime commence à la syllabe accentuée.

La même publication de M. Zarncke contient un autre traité de rythmique un peu plus récent que le précédent. On y trouve les notions suivantes : « *Rithmus est dictionum consonantia in fine similium, sub certo numero sine metricis pedibus ordinata*». La première partie de cette définition traduite en français serait : Le ryhme c'est la rime appliquée à la fin des vers ; l'auteur lui-même confirme notre traduction en continuant : « *Rithmus sumpsit originem secundum quosdam a colore rhetorico : similiter desinens... Quidam vero rithimus cadit quasi metrum iambicum, quidam quasi spondaicum Iambus intelligitur in hoc loco dictio cuius penultima corripitur, constat enim iambus ex brevi et longa. Spondeus hic dicitur dictio cadens ad modum spondei* ». Il distingue donc deux termes de la cadence finale, en donnant à l'une le nom de trochaïque, et à l'autre celui de spondaïque. Elles sont observées dans toute la poésie rythmique du moyen âge avec une rigueur qui ne souffre pas d'exception. Les poètes rythmiques de ces époques ne connaissaient pas toujours la quantité latine et l'on se demande comment ils ont pu trouver la juste cadence. Ils paraissent avoir été guidés par l'accent : Les mots accentués sur l'antépénultième ayant l'avant dernière syllabe brève, et la dernière se prolongeant dans la pause, ils trouvèrent de cette façon la cadence iambique. Par conséquent ils regardaient comme trochaïques ou spondaïques les mots accentués sur la pénultième, même ceux de deux syllabes. Ils observaient donc l'accent dans les syllabes finales, mais seulement en tant qu'il les aidait à trouver la juste quantité. Ils ne l'observaient pas dans l'intérieur des vers si ce n'est par accident ; ils ne se proposaient jamais d'imiter le rythme métrique par un rythme fondé sur l'accent. Les poètes dont l'oreille était fine évitaient de placer deux accents immédiatement l'un après l'autre, mais cette règle était inconnue des poètes médiocres.

Il faut toutefois accorder une large exception au rythme trochaïque. La langue latine ne possédant pas d'oxytons polysyllabiques, et les proparoxytons n'y étant pas très nombreux, la cadence trochaïque est très fréquente et toute naturelle aux mots latins. Il y a donc beaucoup de vers latins rythmiques dans lesquels elle est presque régulièrement maintenue par les accents, mais dans les meilleures pièces, même de ce genre, on trouvera toujours quelques vers où elle est brisée, bien qu'une légère transposition des mots eût suffi pour la rétablir. Elle n'était donc pas obligatoire, elle n'entrait pas dans la notion et dans la définition des vers rythmiques.

C'est un fait que confirment tous les rythmiciens connus de l'antiquité et du moyen âge, sans exception. Et si même la règle des accents y était observée strictement, ce ne serait toujours qu'un phénomène secondaire et non pas un principe.

Après ces éclaircissements, je me permettrai de placer ici, comme épilogue à ce chapitre, une définition du rythme contenue dans un glossaire celtique:[1] « *Sicut est rhythmus comparatus metro, sic sunt bardi comparati poetis doctis, sic sunt bardi sine mensura apud se (qui non didicerunt compositionem metricam) comparati poetis doctis* ». Plus d'un lecteur, je l'espère, y trouvera matière à réflexion.

[1] Zeuss, Gram. celtica, 1871, p. 935.

VII

Les vers rythmiques sont calqués sur les mètres.

La poésie rythmique latine dont l'importance grandit sensiblement à l'époque carlovingienne à côté de la poésie métrique, et qui la remplace presque entièrement au treizième siècle, nous présente une plus grande variété de formes qu'on ne le supposerait d'abord. Comparées aux formes métriques d'Horace et de Sénèque les formes rythmiques sont plus nombreuses : il s'agit d'expliquer la source de cette richesse.

Les exemples donnés par Horace et par Sénèque dans leurs compositions lyriques ont été suivis non seulement par des poètes païens, comme Martianus Capella et Boëce, mais aussi, et bien plus encore, par des poètes chrétiens dont le nombre est très considérable. Cependant ni les vers ni leur emploi ne sont exactement les mêmes. On y rencontre des mètres dont Horace et Sénèque ne se sont jamais servis. Il y a donc des innovations qui révèlent en même temps une tendance archaïque. M. Lucien Mueller nous apprend qu'il y avait déjà au temps de Néron et d'Hadrien des auteurs, comme Fronton, Ammien, Septimius Serenus, qui s'efforçaient de surpasser Horace et Catulle en faisant revivre la variété des mètres employés jadis par Laevius et Varron. Voilà une première innovation.

La seconde innovation consistait dans l'emploi κατὰ στίχον des vers métriques qui n'ont jamais été employés auparavant de cette manière, par exemple les pentamètres dactyliques dans Ausone et Martianus Capella, les vers adoniques dans ce dernier, le dimètre iambique dans Avitus et d'autres.

La forme des strophes ne resta pas non plus horatienne. Nous en trouvons de nouvelles composées de deux, trois, quatre ou cinq vers toujours égaux. Les vers sont des dimètres iambiques acatalectiques, des dimètres dactyliques ou anapestiques hypercatalectiques, des hendécasyllabes, des senaires, des septénaires etc. En écrivant sa strophe asclépiade, Horace lui-même donnait le premier exemple d'une composition semblable.

La tendance vers une virtuosité métrique jointe à un goût archaïque est personnifiée par Terentianus Maurus, ce grammairien qui dans son livre : *De litteris, de syllabis, de metris*[1] a eu l'idée d'écrire chaque mètre en se servant de ce mètre même :

> fingere nobis
> tale licebit :
> primus ab oris
> Troius héros
> perdita flammis
> Pergama linquens....

Ce sont des vers adoniques, employés pour la première fois κατὰ στίχον. Nous devons au grammairien que nous venons de nommer un précieux renseignement sur la popularité du dimètre iambique catalectique :

> et condere inde carmen
> multi solent poetae.

Ce qu'il dit de l'emploi κατὰ στίχον du dimètre iambique acatalectique dans des pièces de quelque étendue ne manque pas non plus d'intérêt.

> plerumque non carmen modo
> sed et volumen explicat.

Il nous apprend que le trimètre anapestique hyperca

---

[1] Gram. lat., VI.

talectique était une forme très agréable à l'oreille des Romains :

> anapaestica dulcia metra
> cuicumque libebit ut istos
> triplices dare sic anapaestos...

Ce vers compte presque toujours dix syllabes et il se divise en général en deux membres de cinq syllabes chacun. J'ajouterai ici encore un échantillon puisé dans Sénèque :

> Jam rara micant | sidera prono
> Languida mundo | nox victa vagos
> Contrahit ignes | luce renata
> Cogit nitidum | Phosphoros agmen (Herc.fur.125).

Ici, et aussi bien que dans les trimètres dactyliques, les anapestes remplacent les dactyles et *vice versa*, ce qui fait que ces vers revêtent un caractère rythmique.

Passons maintenant rapidement en revue les poètes lyriques de l'époque chrétienne, afin de bien nous convaincre que la poésie latine lyrique continua de vivre sans interruption jusqu'au temps où la poésie romane et la poésie nationale en général vinrent prendre place à ses côtés.

Le quatrième siècle a produit les deux meilleurs poètes métriques chrétiens : saint Ambroise et Prudence. Ils furent considérés, le second surtout, comme modèles par tous ceux qui les suivirent, ce qui donne une importance particulière aux formes dont ils se sont servis.

Au cinquième siècle nous trouvons Paulin de Nole, Merobaudes, Aratus dans la Ligurie ; Sedulius, Dracontius en Espagne ; et les suivants en Gaule : Prosper d'Aquitaine, Marius Victor, Avitus, Paulin de Périgueux, Luxorius, Ennodius, Sidoine Apollinaire.

Après la victoire définitive des Goths et des Francs, il n'y a plus au sixième siècle que Venantius Fortunatus en Gaule et Boëce en Italie.

Il faut chercher en Espagne et en Irlande les deux

seuls poètes métriques du septième siècle, ce sont : l'évêque Eugène et Columban.

La fin du septième siècle et le commencement du huitième nous montrent la poésie latine métrique transplantée en Angleterre, où nous trouvons Aldhelm, Bède et Winfrid ou Boniface, apôtre des Allemands.

Au temps de Charlemagne et après sa mort, on voit surgir dans le courant du neuvième siècle une foule de poètes latins. Le grand empereur lui-même a fait venir à sa cour Alcuin d'Angleterre; les diacres Paul et Pierre d'Italie, Angilbert, Eginhard; Amalarius d'Allemagne. Les noms poétiques dont se décorèrent quelques membres de cette Académie : Alcuin, Flaccus; Angilbert, Homère; Muaterin, Ovidius Naso; Charlemagne, David, nous indiquent les modèles qu'on s'efforçait d'y suivre, ils ne sont ni germaniques ni nationaux, mais bien classiques et bibliques.

Nous n'avons pas épuisé la liste des poètes de cette époque, car il faut citer : Paul de Frioul, Paulin, patriarche d'Aquilée, le pape Hadrien, Fardeulf, Dunbar et Theodulf, tous trois à St-Denis, Ermoldus Nigellus d'Aquitaine, Candidius, Raban Maur à Fulda, Wandilbert à Prüm, Walafrid Strabo à Reichenau, Smaragdus à Saint-Michel, Sedulius Scotus à Liège, Florus à Lyon, Andradus Modicus, archevêque de Sens, Milo, abbé de Saint-Amand, Heiric d'Auxerre. Ils cultivent pour la plupart la poésie métrique, et s'inspirent de Prudence, mais ils citent très souvent Virgile, Horace, Lucain et Stace, Martianus Capella s'appelle chez eux *Martianus noster*, Boèce, *autor noster*. Leur inspiration artistique n'est alimentée que par des réminiscences de l'antiquité. L'instruction littéraire et grammaticale, si ardemment encouragée par Charlemagne, semble avoir été très cultivée dans les écoles cathédrales et claustrales après la mort de ce prince.

Les vers principalement employés dans cette poésie sont l'hexamètre, l'hendécasyllabe, et le distique élégiaque, tout comme au temps de Virgile, mais c'est dans les pièces lyriques que nous rencontrons les mètres déjà relevés.

Le vers adonique se trouve dans Columban, Alcuin, Raban Maure, Walafrid Strabo. [1]

Le dimètre iambique catalectique dans Prudence. [2]

Le mètre phérécratien dans Wandilbert de Prüm. [3]

Le dimètre iambique est très fréquent dans les hymnes.

Les trimètres dactyliques hypercatalectiques dans Prudence, Raban Maur et Walafrid Strabo. [4]

Les trimètres anapestiques dans Prudence. [5]

Les hendécasyllabes alcaïques et saphiques dans Prudence, Wandilbert de Prüm et autres. [6]

Les hendécasyllabes phaléciens, sans césure, dans Prudence, Florus de Lyon, Wandilbert de Prüm, Walafrid Strabo, Raban Maur. [7]

Les mètres asclépiades dans Prudence, en strophes de quatre vers, comme celles d'Horace, mais aussi κατά στίχον; puis dans Raban Maur et Wandilbert de Prüm [8].

Les senaires sont assez rares ; Prudence en forme des strophes à cinq vers. [9]

Les septénaires ont servi à Prudence à en former des strophes à trois vers :

> Da puer plectrum, choreis ut canam fidelibus
> Dulce carmen et melodum, gesta Christi insignia
> Hunc camoena nostra solum pangat hunc laudet lyra.

---

[1] Poetae latini aevi Carolini (P. C.), I, 257, 266, 394, 418.
[2] Patrologie, LIX, 832.
[3] P. C. II, 619.
[4] Prudence, Peristaephanon, III ; Cathemerinon, III. — P. C. I, 246, 349.
[5] Cathem., X.
[6] Perist. XIV. P.C. II, 244. 252, 381, 411, 412, 416, 418, 445, 603.
[7] Cathem., IV. P. C., I, 248, 574 ; II, 544.
[8] Cathem., 813; Praefatio libri I ad Symmachum; Patrologie. LX, P. C. I, 217, II, 571.
[9] Cathem., VII, Perist., X.

La même strophe se trouve assez souvent dans Venantius Fortunatus et dans les poètes carlovingiens. Raban Maur, en répétant dans chaque strophe la troisième ligne de la première, en a fait un refrain.[1]

Voilà les modèles entre lesquels les poètes lyriques avaient à choisir. Ces modèles eux-mêmes, étant employés dans la poésie lyrique, étaient déjà en quelque sorte des rythmes. Mais les rythmiciens ne se tenaient pas exclusivement à ces formes ; une fois habitués à calquer leurs vers sur les formes métriques, ils imitèrent presque tous les schèmes métriques, dont la connaissance leur parvint par les nombreux traités des grammairiens latins. Ils ne reculèrent même pas devant le mètre sotadéen.

Avant de commencer l'examen des rythmes du moyen âge, il ne sera peut être inopportun de placer ici quelques mots sur les plus anciens vers populaires des Romains qui ont été conservés par les écrivains anciens et recueillis dans le savant ouvrage de M. Edélestand du Méril intitulé : *Poésies populaires latines antérieures au douzième siècle, Paris, 1843*. La forme du septénaire y prévaut, on la trouve dans huit pièces (4, 5, 6, 7, 14, 18, 19, 21).[2] Une seulement présente la forme du distique élégiaque (2) ; trois celle du senaire (9, 10, 11), deux celle du dimètre trochaïque (15, 16) ; une celle du dimètre trochaïque catalectique (8) ; une celle de l'hendécasyllabe (17). On voit que les vers populaires romains ont la forme métrique.

Les vers vraiment rythmiques les plus anciens sont les hexamètres de Commodien et les octonaires de saint Augustin. S'il y avait une place pour l'accent dans la rythmique latine, c'est dans ces vers qu'elle eût dû bien être gardée, ce qui n'est nullement le cas. Seulement la cadence finale est strictement observée d'après la quantité.

---

[1] Cathem., IX.
[2] Les chiffres indiquent la place qu'elles occupent dans la série ; mais elles n'y sont pas numérotées.

Accordons encore quelques lignes à la plus riche collection des rythmes postérieurs à saint Augustin, mais antérieurs à Charlemagne. Elle est contenue dans le célèbre Antiphonaire de Bangor.[1] Le vers qu'on y rencontre le plus fréquemment est l'octosyllabe, imitation du dimètre iambique (*Terrorem tempus hoc habet* et autres) ; puis le septénaire (*Audite omnes amantes Deum sancta merita*) ; quelquefois le senaire, déjà avec l'assonance intérieure :

> Sancti venite, Christi corpus sumite,
> Sanctum bibentes quo redempti sanguinem.

Citons encore les fameux *versiculi familiae Benchuir*, c'est-à-dire : strophes de la congrégation de Bangor. Les vers sont heptasyllabiques, les strophes à quatre :

> Benchuir bona regula,
> Recta atque divina,
> Stricta, sancta, sedula
> Summa, justa, ac mira.

Il n'est pas impossible que ce soient les premières strophes irlandaises de cette forme. Elles sont imitées de Prudence. Elles sont latines, et il nous semble que le *rann* irlandais n'en est qu'une application dans la langue nationale.

A partir de la fin du septième siècle (c'est de ce siècle que date l'antiphonaire de Bangor) les rythmes deviennent de plus en plus nombreux. Nous ne les suivrons pas dans leur marche historique, nous bornant pour le moment à comparer leurs formes avec les schèmes métriques dont elles procèdent.

L'auteur du premier traité publié par M. Zarncke nous apprend que : « *Nulla rithmorum distinctio pauciores quatuor, vel plures syllabas sedecim habere prevaleat* ». C'est donc par les vers de quatre syllabes qu'il nous faut commencer.

Comme il n'existe pas de mètre correspondant aux

---

[1] Muratori, Anecdota, VI, p. 119.

vers tetrasyllabiques, ils ne peuvent dériver directement de la métrique ancienne. Ils n'apparaissent pourtant qu'au dixième siècle, alors que les rythmiciens irlandais ont depuis longtemps donné l'exemple de la division des vers par la rime intérieure. C'est donc cette rime intérieure, qui placée à la quatrième syllabe du vers octosyllabique, a donné naissance aux vers en question :

> Sancte sator   suffragator
> Legum dator   largus dator.[1]

Le vers de cinq syllabes dérive du vers adonique dont nous avons relevé un assez fréquent usage κατὰ στίχον :

> Heriger urbis   — ◡ ◡ — ◡
> Maguntiensis   — ◡ ◡ — ◡
> Antistes quendam   ◡ — ◡ — ◡
> Vidit prophetam   — ◡ ◡ — ◡
> Qui ad infernum   ◡ ◡ ◡ — ◡
> Se dixit raptum   ◡ — ◡ — ◡ [2]

Le vers de six syllabes n'est pas une des formes principales. On pourrait le faire provenir du mètre ithyphallique (— ◡ — ◡ — ◡) ou du vers eupolidion (◡ — — ◡ — ◡ —), mais comme il n'apparaît qu'assez tard dans la poésie rythmique, il est plus naturel de le dériver du vers de douze syllabes coupé par la rime intérieure.

> O Martine sancte   meritis praeclare
> Juva me miserum   meritis modicum
> Carcam quo naevis   mihimet nocuis...

L'allitération *m — m*, *n — n* nous indique que les deux parties font un ensemble. Il est vrai cependant, que le vers hexasyllabique prend avec le temps une existence indépendante.

Le vers heptasyllabique procède du *metrum choriacum*, c'est-à-dire du dimètre iambique catalectique, l'autre schéma heptasyllabique : *metrum pherecratium*

---

[1] Du Méril, l. c., p. 155.
[2] Müllenhoff und Scherer, Denkmäler, 1873, p. 38.

(— ᴗ — ᴗ — ᴗ) n'ayant pas eu la même popularité. Nous en avons cité déjà l'exemple le plus ancien. M. Wilhelm Meyer de Goettingue veut le dériver de la seconde moitié du septénaire, mais il oublie, que cette seconde moitié ne se sépare jamais de la première :

> Ad honorem tuum Christe
> Recolat ecclesia
> Praecursoris et baptistae
> Tui natalitia

Le vers octosyllabique se rattache au dimètre iambique, quoique les imitations rythmiques du mètre glyconique ou du dimètre iambique eussent donné la même forme rythmique. M. W. Meyer le fait sortir de la première partie du septénaire, mais comme la seconde moitié de ce vers est toujours précédée par la première, aussi bien celle-ci est toujours suivie par celle-là. Ni le rythme trochaïque ni l'iambique ne sont jamais observés ici de suite par les accents, comme le montre l'exemple suivant :

O Fulco praesul optime	ᴗ — ᴗ — ᴗ — ᴗ —
O cunctis amantissimo	ᴗ — ᴗ — ᴗ — ᴗ —
Re pontifex et nomine	— — ᴗ — ᴗ — ᴗ —
Homo sed maior homine	— ᴗ ᴗ — ᴗ — ᴗ —
Vis nobilis prosapiae	— — ᴗ ᴗ ᴗ — ᴗ —

Le vers de 10 syllabes doit être rattaché aux anciens ennéasyllabes, surtout à l'ennéasyllabe alcaïque (ᴗ — ᴗ — ᴗ ᴗ — ᴗ —). Il est vrai que ce mètre n'était employé que rarement dans la littérature classique, et jamais κατὰ στίχον, aussi le rencontre-t-on bien rarement dans la poésie rythmique. Les rythmiciens ont trouvé l'indication de ce mètre dans la même source où ils puisaient leur savoir, c'est-à-dire dans les grammairiens. Nous lisons dans Marius Victorinus : « *Dimetrum iambicum si fuerit brachycatalectum eupolidion nominatur, sin vero catalecticum, anacreontion, sin autem hypercatalecton alcaicon dicitur* ». Les vers suivants sont du huitième siècle :

> Audite versus parabolae
> De quondam puero nobili
> Dum iret in solitudine
> Aprum cum canibus querere...

Les vers décasyllabiques se rapportent aux deux schèmes métriques : le trimètre hypercatalectique dactylique, et le même trimètre anapestique (—◡◡|—◡◡| —◡◡|—;◡◡—|—◡◡—|◡◡—|≅) qui donnent justement dix syllabes dans leur forme normale. Ce sont les rythmes classiques latins les plus nobles, et ils furent employés de préférence par Sénèque, Prudence, Martianus Capella et Boèce. Il est impossible qu'ils aient été abandonnés dans la rythmique du moyen âge. Aussi y trouvons-nous deux décasyllabes d'une forme un peu différente, l'un avec la césure après la quatrième :

> Flete viri   lugete proceres
> Resolutus   est rex in cineres
> Rex editus   de magnis regibus
> Rex Guillelmus   bello fortissimus... [1]

l'autre avec la césure après la cinquième :

> Patricii laudes   semper canemus
> Ut nos cum illo   semper vivamus.

C'est un ephymnion au chant en l'honneur de saint Patrick dans l'antiphonaire de Bangor. Ajoutons encore un spécimen bien postérieur :

> O rex regum   qui solus in aevum
> Regnas in coelis   Heinricum nobis
> Serva in terris   ab inimicis [2].

La relation entre ce vers et le trimètre anapestique qui se divise, lui aussi, en deux membres égaux est donc clairement indiquée. Mais il n'en est pas de même du décasyllabe coupé après la quatrième que nous rapportons au trimètre dactylique. En voici un exemple métrique, car nous n'en avons pas encore donné :

---

[1] Du Méril, l. c., p. 294.
[2] Id., ibid., p. 294.

> Haec opulentia Christicolis
> Servit, et omnia suppeditat.
> Absit enim procul illa fames
> Caedibus ut pecudum libeat
> Sanguineas lacerare dapes [1].

Tous les vers de cette strophe comptent dix syllabes, mais il n'y a pas de pause après la quatrième, excepté dans le cinquième vers et le troisième si l'on veut. D'un autre côté on pourrait admettre une pause après la sixième syllabe dans les trois premiers vers. A dire vrai, il n'y a dans ces mètres aucune césure, les rythmes analogues en ont pourtant. Comment expliquer cette difficulté? Considérons d'abord que la lyrique latine possédait deux espèces de mètres ou plutôt de rythmes, dont chacun comptait dix syllabes dans son schéma typique. Convertis en rythmes du moyen âge ils n'auraient donné qu'une espèce de vers de dix syllabes, puisqu'aucun d'eux n'avait de césure fixe. Mais il y avait une prédisposition à une césure, une pause assez visible après la cinquième dans le trimètre anapestique, qui fut rehaussée par le chant. Cette césure une fois acceptée en provoqua une autre dans le second rythme décasyllabique, si on voulait les maintenir séparés. C'étaient donc des césures nouvelles, établies par les rythmiciens du moyen âge et indiquées par le chant, par les mélodies [2].

Les vers de onze syllabes reposent sur l'hendécasyllabe classique, dont on distinguait trois espèces : le saphique, l'alcaïque et le phalécien. Les deux premiers avaient une césure après la cinquième syllabe, le dernier n'en avait aucune. L'imitation rythmique des deux premiers se reconnaîtra donc à la fixité de la césure, celle du dernier par l'absence de césure. Les deux premiers ne donnent lieu à aucune remarque, mais nous devrons nous occuper du troisième qui est le plus important. Il

---

[1] PRUDENCE, Cathem., III.
[2] Voy. toutes les publications de COUSSEMAKER.

est imité dans les vers suivants, tirés d'un manuscrit du VIII° siècle :

> Andegavis abbas esse dicitur
> Ille nomen primum tenet hominum
> Hunc fatentur vinum velle bibere
> Super omnes Andegavis homines
> Eia, eia, eia laudes eia laudes dicamus Libero.

M. W. Meyer [1] découpe ce vers dans le septénaire, en divisant son premier membre en deux parties égales ; et rejetant une d'elles : (4+) 4 + 7. Au vers ainsi déduit, il attribue une césure après la quatrième : *hunc fatentur | vinum velle bibere*. Mais un autre philologue pourrait la placer après *vinum*, un troisième, M. Bartsch, la place après *velle* [2]. En analysant un hymne de provenance irlandaise [3] :

> Vox paterna super Christum sonuit
> In columba spiritus apparuit,

il place la césure après *Christum*, et *spiritus*, bien que ce ne soit pas la même, parce que la distinction qu'en fait M. Bartsch, appelant l'une masculine, l'autre féminine, est inadmissible. M. Meyer placerait la césure dans les vers en question après *paterna* et *columba*. Ni l'un ni l'autre de ces savants n'a raison, parce que le même hymne contient nombre de vers qui contredisent l'opinion de M. Bartsch :

> maris magni velut | in periculo...
> capitali centro | cartilagini...
> venas, fibras fel | cum bucliamine...

et d'autres qui s'opposent à celle de M. Meyer :

> impenetrabili deus tutela
> mamillas stomachum et umbillicum
> gigram cepphale cum iaris et conis...

---

[1] Ludus de Antichristo, p. 90.
[2] Zft. f. rom. Phil., II, 195, III, 339 ; Romania, VII, 628, IX, 177, 191.
[3] Mone, I, 56.

M. Bartsch peut alléguer des vers qui paraissent marquer sa césure par la rime :

> Gaude chorus omnium fidelium
> Rosa fragrans lilium convalium.

Mais on trouve parmi les *Carmina burana* des hendécasyllabes, qui n'ont pas de césure après la cinquième, qui se rapportent donc nécessairement au mètre phalécien et dans lesquels pourtant la rime intérieure occupe une autre place[1] :

> Nemus revirescit frondent frutices
> hiems sera cessit laeti iuvenes.

Les vers hendécasyllabiques étaient assez longs pour offrir plus d'une place à la rime intérieure à l'époque où elle était à la mode. On sait qu'on finit par rimer les hendécasyllabes et d'autres vers de la façon suivante :

> Deo meo raro paro titulum
> Astra castra regit egit seculum[2].

Il y avait donc dans la poésie rythmique latine un hendécasyllabe sans césure et il nous importait de l'établir.

Les vers rythmiques de douze syllabes présentent deux modèles. L'un a la césure après la cinquième syllabe, imitant l'antique senaire :

> O tu qui servas armis ista moenia
> Noli dormire, moneo, sed vigila ! [3]

On pouvait y introduire une rime à la césure :

> Ad coeli clara   non sum dignus sidera
> Levare meos   infelices oculos [4]

et en former ensuite une strophe de 5, 7, 5, 7 ; ou avec un redoublement du premier membre : 5, 5, 7, 5, 5, 7 :

[1] Nr., 159.
[2] Zarncke, l. c., 71.
[3] Du Méril, l. c., 268.
[4] P. e. Paulin d'Aquilée.

> O sanctissima
> O piissima
> Virgo dulcis Maria
> Mater amata
> Intemerata
> Ora, ora pro nobis[1].

L'autre dodécasyllabe avec la césure après la sixième, ne peut être que le reflet rythmique de l'asclépiade métrique, comme l'a déjà déclaré M. Léon Gautier:

> O roma nobilis,   orbis et domina
> Cunctarum urbium   excellentissima
> Roseo martyrum   sanguine rubea...[2]

Rimé à la césure, il a pu donner un vers de six syllabes:

> Mittit ad Virginem   non quemvis angelum
> Sed fortitudinem   suam, archangelum
> Amator hominis.

Le vers de treize syllabes n'apparaît que dans la seconde moitié du douzième siècle, c'est-à-dire à l'époque où florissait la poésie française. La poésie antique ne nous présente aucun mètre correspondant, or, pour lui trouver une explication, il faudrait avoir recours à l'alexandrin français, qui compte souvent treize syllabes. On pourrait donc supposer que c'est de l'alexandrin à la césure féminine que sort le vers latin, dont nous nous occupons. Il a été construit par un poète qui savait bien qu'à chaque vers français correspond un vers latin, mais qui avait oublié que l'alexandrin était une imitation de l'asclépiade. Voici un échantillon:

> Flete omnes populi   flete et non parum
> Graves luctus facite   planctum et amarum
> Flumina effundite   undas lacrymarum
> Sic ruinam plangite   urbium sanctarum[3].

Coupé par la rime à la césure, il donna une strophe: 7, 6, 7, 6:

---

[1] Mone, n° 343.
[2] Du Méril, l. c., p. 239.
[3] Id., ibid., p. 411.

> Concinamus pariter
> Et Deum laudemus
> Sebaldum alacriter
> Votis provocemus.

Il y a aussi des strophes dont le premier membre est redoublé : 7, 7, 6, 7, 7, 6 [1].

Le vers de quatorze syllabes, avec une césure après la septième, n'est qu'un redoublement du vers heptasyllabique. Quelquefois même on se demande si le vers est de sept ou de quatorze syllabes :

> Gaudens transiisse latos in campos prosae
> Vitam perlustrans plene loquelae spatiosae
> Ut vitulus solutus, vinculis obligatus
> Metro relicto sanus vagus sum liberatus... [2]

On a trouvé un échantillon des vers à quatorze syllabes, mais avec une césure après la huitième :

> Placidas dum perpensaret | quid illi faceret... [3]

C'est une imitation rythmique du mètre sotadéen, dont voici le schéma : $-- \smile\smile -- \smile\smile\, | -- \smile\smile -\smile$.

Le vers de quinze syllabes, une des formes principales usitées au moyen âge, provient du septénaire antique. Il a été bientôt coupé par la rime, donnant l'origine à la strophe : 8, 7, 8, 7. Le redoublement du premier membre donna naissance à la strophe la plus gracieuse du moyen âge : 8, 8, 7, 8, 8, 7, connue par le *Stabat mater dolorosa*. Voici les formes d'autres strophes qui en sont dérivées : 8, 7, 8, 7, 8, 7 ; ou 8, 7, 8, 7, 8, 7, 8, 7 ; ou 8, 8, 7 ; 8, 8, 7 ; 8, 8, 7 ; 8, 8, 7 ; ou bien 8 8 8 7 ; il y en a aussi en 8, 8, 8, 8, 7 ; 8, 8, 8, 8, 7 [4]. On a coupé encore le premier membre en deux parties par la rime pour obtenir la strophe : 4, 4, 4, 4, 7 :

---

[1] Mone, I, p. 62.
[2] Neues Archiv., IV, 258 ; cfr. Muratori, Antiq., III, 688 ; A. Mai, Classici auct., V, 405, 412 ; Mone, I, 41.
[3] Zft. f. Alterthum, XXIII, 273. Cfr. W. Meyer, Ludus, 102.
[4] Mone, nos 312, 326, 360, 363, 380, 416, 457, 463, 479, 489, 510, 520, 522.

> Laetabundus
> Plaudat mundus,
> Plaudat Deo
> Cum tropeo
> Decus omni saeculi [1].

Les strophes dans lesquelles Héloïse déplore la mort d'Abélard sont vraiment ingénieuses : 8, 8, 7, 4, 4, 7 :

> Tecum fata sum perpessa,
> Tecum dormiam defessa,
> Et in Sion veniam;
> Solve crucem,
> Duc ad lucem,
> Degravatam animam.

On rencontre quelquefois dans la poésie rythmique du moyen âge des vers de seize syllabes dont nous donnons l'échantillon suivant, qui est du commencement du onzième siècle :

> Altrix sanctorum patria   profudit Aquitania
> Sanctitate laudabilem   Emmeranum pontificem. [2]

Est-ce l'octonaire rythmique, comme ceux de saint Augustin :

> Omnes qui gaudetis pace   modo verum iudicate...,

ou bien deux octosyllabes liés par le sens ?

Nous venons de voir que tous les vers rythmiques du moyen âge sont modelés sur un mètre antique, qu'ils gardent le nombre typique de syllabes, et la césure s'il en existait une dans le mètre correspondant. Ce sont les vers à césure qui, reproduisant fidèlement le schème antique, nous défendent de voir dans les vers sans césure des constructions arbitraires. Assurés que nous sommes que les uns reproduisent des schèmes métriques, nous sommes obligés d'admettre qu'il en est de même des autres, puisque tous sont des rythmes. Il est vrai, comme

---

[1] Daniel, II, 245.
[2] Neues Archiv. für d. Geschichte, 1881, p. 605.

l'a fait remarquer M. Gaston Paris,[1] que dans beaucoup de vers latins du moyen âge les accents produisent un rythme trochaïque presque régulier, mais dans la plupart des cas la place des accents n'est constante qu'à la césure et à la fin des vers. Voici ce que dit M. Bartsch : « Die nach dem Accent gebauten lateinischen Verse mittelalterlicher Gedichte sind, dieser Grundsatz ist festzuhalten, nur theilweise vom Accente beherrscht... Nur Versschluss und Caesur stehen unter dem Gesetze des Accentes, im übrigen werden die Silben nur gezählt ». Nous avons tâché d'expliquer dans ce travail le vrai sens de cette règle, qui toutefois demande une forte rectification, et de montrer comment elle s'est établie.

[1] Bibliothèque de l'École des Chartes, 1866, p. 578 s.

VIII

Les formes libres et variables de la rythmique grecque du moyen âge transportées dans l'occident y ont été réduites peu à peu aux formes de la rythmique latine.

Nous croyons devoir commencer ce chapitre par l'analyse du dernier travail sur le sujet en question. Il a pour auteur M. W. Meyer, le savant professeur de Goettingue, qui s'occupe avec prédilection de la rythmique du moyen âge. Il déclare, comme nous l'avons mentionné déjà, que la versification rythmique ne peut dériver de la versification métrique, que les opinions reçues sur l'origine de la poésie rythmique sont erronées et qu'il a trouvé la vérité [1]. Il prend pour base de son examen les « *Carmina Nisibena* » d'Ephrem, célèbre théologien syriaque du quatrième siècle. Il leur trouve une forme identique aux τροπάρια des Byzantins, et en conclut, que ces derniers, qui sont moins anciens, ont été modelés sur les premiers. En attribuant à la versification d'Ephrem le caractère sémitique il fait sortir d'une poésie sémitique générale l'origine de la versification rythmique et de tous ses traits caractéristiques, à savoir : le syllabisme, la mesure marquée par l'accent, l'ordre alphabétique des strophes, les acrostiches et la rime. Ce nouveau système de versification a passé, selon lui, des Syriens aux Byzantins qui, à leur tour, l'ont transmis aux Romains. Il soutient que déjà Commodien et saint Augustin

[1] Abhg. d. bayr. Ak. d. Wiss., Philos. hist. Cl., XVII.

avaient suivi ces nouveaux modèles — chose étrange, puisque l'un emploie l'hexamètre et l'autre l'octonaire, et ni l'un ni l'autre ne maintiennent l'ordre fixe des accents, excepté dans les cadences finales, en quoi ils observent une règle de la rythmique latine.

Toutes les autres assertions de M. W. Meyer nous semblent aussi peu fondées. D'abord, l'auteur partage la grave erreur de la philologie allemande qui consiste à considérer la rythmique comme essentiellement différente de la métrique. Il est indispensable que la philologie renonce à cette opinion erronée. Une fois la rythmique bien comprise, nous concevrons facilement sa transformation par les agents que nous avons tâché d'indiquer dans le présent travail. Le produit de cette transformation est bien le syllabisme limité par les modèles métriques. Au moyen âge, on connaissait encore à l'accent une fonction différente, ce qui empêchait de lui donner une fonction rythmique. Les acrostiches ont été connus d'Ennius, et nous avons démontré que notre rime tire son origine de la rhétorique latine. Ainsi la versification rythmique, avec tous les signes que M. W. Meyer considère comme caractéristiques, se déduit avec clarté de la poésie classique, et nous n'avons pas besoin de recourir à la source sémitique.

Une objection des plus graves à opposer aux opinions de M. Meyer consiste dans l'incertitude du nombre des syllabes et de la place des accents dans les anciens vers sémitiques. On sait que les langues sémitiques contiennent des voyelles pleines et des demi-voyelles qu'on peut compter ou omettre, et que l'écriture sémitique ne marque pas. La versification syriaque restera donc à cet égard une chose toujours obscure, et c'est une mauvaise méthode que de vouloir éclaircir une chose obscure par une autre qui l'est encore plus.

Ici se présentent à notre esprit deux réflexions d'un ordre plus général. Les Grecs regardaient tous les autres peuples comme barbares parce que ces peuples ne possédaient ni arts ni sciences. Ce juste orgueil devint plus tard l'apanage des Romains, héritiers de la culture grecque. Le prestige dont jouissaient les arts et les institutions gréco-romains auprès des peuples soumis à la domination romaine, et devenus peu à peu sensibles à la beauté de cette culture, a dû être considérable. La possession de ces arts, musicaux aussi bien que plastiques, entra pour beaucoup entre les mains des missionnaires chrétiens pour leur œuvre de conversion.

Il est nécessaire, en outre, que notre science entre en harmonie avec l'histoire des autres arts, ses frères. Puisqu'il est démontré déjà que la sculpture, la peinture et l'architecture n'ont retrouvé un nouvel essor au moyen âge que sous le souffle des traditions antiques, ne se sont développées ensuite que sur la base et avec des motifs de l'art antique, il faut *à priori* s'attendre à une analogie quelconque dans les arts musicaux. Notre point de vue nous est donc imposé par la loi psychologique de l'analogie, tandis que toute autre direction dans les recherches ne peut être inspirée que par le hasard. Essayons donc avant tout d'éclaircir les formes et les sujets de la poésie nationale des peuples européens : des Irlandais, des Anglo-saxons, des Allemands, des Slaves sur la base des traditions antiques, et tout ce qui se refusera alors à l'explication entreprise de ce point de vue, vraiment historique, pourra être attribué à juste titre à une production indépendante et spontanée.

Si l'influence des arts gréco-romains a été si forte du côté de l'Occident, en aurait-il été différemment du côté de l'Orient. Dans le cas qui nous occupe nous avons heureusement un témoignage historique bien décisif : M. Meyer soutient que la versification d'Ephrem est d'origine sémitique, mais Ephrem ne faisait qu'imiter les vers et les strophes d'un de ses prédécesseurs nommé Harmonius, fils de Bardesanes, dont les poésies du commencement du troisième siècle étant hérétiques et proscrites ont complètement disparu. C'est d'elles que parle d'abord un historien byzantin, Nicéphore Caliste Xantopoulos dans le passage suivant[1] : « *Et pater quidem nominis suis haeresim instituit, filius autem* Graecis disciplinis satis eruditus, *patriis vocibus, legitimis modis musicisque numeris inclusis, ordine circulari eas cani instituit, quos ex tempore hucusque Syri psallentes usurpant. Nam ille ad paternam delapsus haeresim... lyricis modulis doctrinam eiusmodi aspersit. Quibus multi ex Syris propter verborum venustatem et sonorum numeros demulsi, paulatim opinionibus talibus recipiendis sunt assuefacti. Caeterum divus Ephraim ea re cognita,* quamvis Graecarum artium expers, *Harmonii numeros moderatus est, atque eiusdem modulis carminibus ecclesiasticae sententiae consonis adiectis, Syris ad hoc usque tempus ea canenda dedit. Nam divinos hymnos plurimos ad Harmonii carminum leges composuit* ». L'historien byzantin veut dire que le fils de Bardesanes s'est chargé de la composition des chants pour la communauté parce qu'il était exercé dans les arts musicaux des Grecs. Il les a composés pour deux chœurs, à l'imitation des chants lyriques. Saint-Ephrem de son côté en conserva la forme, tout en changeant le texte et en « modérant » le rythme. Nous apprenons ici, en outre, que les modes et les échelles musicales grecques étaient réputées seules légitimes chez les Syriens de cette époque.

Revenus sur le solide terrain des traditions antiques, nous pouvons esquisser maintenant l'histoire de la rythmique transformée chez les Grecs. Cette tâche nous sera aisée après les savantes publications du cardinal J.-B. Pitra et de M. Christ. C'est au premier qu'appartient le mérite d'avoir ouvert un nouveau champ aux recherches d'histoire littéraire du moyen âge, celui de la poésie chrétienne chez les Byzantins, dont le second a considé-

---

[1] Historiae ecclesiasticae libri XVIII. Basileae, 1552, lib. IX, p. 411. — Il vivait au quatorzième siècle, mais disposant de la bibliothèque de l'Hagia Sophia il a pu puiser aux meilleures sources.

rablement approfondi l'étude. Il faut joindre à ces deux noms celui déjà tant de fois prononcé de M. W. Meyer qui de son côté en a élucidé quelques points importants, et ne pas oublier le Père Bouvy qui a enrichi la science de plusieurs données historiques.[1] Nous avons déjà mis ces travaux à contribution en traçant les lignes générales de l'histoire de la musique dans l'église, que l'histoire des rythmes byzantins suit d'une manière parallèle. Le chant et la poésie ont été introduits simultanément dans l'église, les poètes byzantins étaient à la fois mélodes et musiciens. La tradition antique s'y est maintenue encore sur ce point-là.

La poésie liturgique byzantine a été précédée d'une poésie grecque, déjà chrétienne, mais personnelle. Les premiers documents remontent jusqu'au troisième siècle et les frères Apollinaires, Nonnos, Grégoire de Nazianze, Méthode et Synésius en sont les auteurs. Suivant M. Christ ils ont employé dans leurs œuvres l'hexamètre, le vers anacréontique, le trimètre, et le septénaire, qui me paraît être plutôt vers sotadéen. La plupart d'entre eux ne suivent plus les règles de la métrique antique. Voici ce que dit le savant philologue à propos de l'un d'eux, tout en appliquant à d'autres la même pensée[2]: « *Nullo vero modo in metricis versus leges verba huius orationis cogi possunt, unde, si qua lege oratio vincta est, accentu, non quantitate syllabarum numeros regi statuas necesse est* ». Que le consciencieux savant nous dise lui-même de quelle manière le rythme fondé sur l'accent s'y manifeste : « *.....Jam si accentibus ducibus rythmum singulorum colorum et versuum definire coneris, non omnes versus iisdem numeris includi, sed alia cola iambicorum alia dactylicorum*

---

[1] J.-B. Pitra, L'hymnographie de l'église grecque, 1867. — Analecta sacra, 1876. — W. Christ et Saranikas, Anthologia graeca carminum Christianorum, 1871. — W. Meyer, l. c. — P. Bouvy : Poètes et mélodes, 1886.

[2] L. c., XIV, cfr. XIII.

alia et longe plurima logaedicorum versiculorum speciem imitari intellegas ». Peut-on vraiment supposer à ces auteurs l'intention d'imiter par les accents les pieds de la poésie métrique : puisqu'il n'y a pas de mètres de cette structure, comment ces vers rythmiques en seraient-ils l'imitation ? Tous les mots qui composent un vers ayant des accents, ces accents doivent nécessairement se grouper de quelque façon, et à l'aide des accents secondaires on y trouvera toujours des pieds trochaïques, dactyliques ou autres, ce qui néanmoins ne constitue pas de rythmes suivant les données des anciens. Dans la première période rythmique ils exigeaient dans un vers rythmique l'égalité des pieds, dans la seconde l'égalité des temps dans les parties correspondant aux anciens pieds, dans la troisième un nombre de syllabes déterminé par le schéme métrique. Il n'y avait donc pas de place intermédiaire pour un rythme fondé sur l'accent, d'autant plus qu'on connaissait toujours à l'accent une fonction différente. La rythmique grecque transformée, en présence de laquelle nous nous trouvons ici, n'est pas plus basée sur l'accent que ne l'était la rythmique latine transformée : *Rhythmus est versus imago servans numerum syllabarum*. Cette règle de la rythmique latine est donc en même temps la règle de la rythmique grecque transformée. Les opinions des grammairiens latins que nous avons présentées plus haut sont donc en même temps autant de témoignages sur la rythmique grecque, parce que ces auteurs ne font pour la plupart que reproduire les règles de leurs maîtres en arts.

Passons à la poésie byzantine, à celles de ses formes surtout qui ont une importance très considérable pour la poésie européenne. Ce sont les tropaires, strophes d'une étendue variable contenant jusqu'à vingt cola, mais quelquefois raccourcies à n'en contenir que quatre. La tradition en nomme Anthimos et Timoclès au cinquième siècle comme leurs premiers auteurs, mais le plus ancien tropaire connu est, d'après M. Christ, celui de l'empereur *Justinien* lui-même.[1] Il est donc certain, qu'ils étaient en usage déjà au sixième siècle, cependant les plus célèbres auteurs de ce genre de chants: Sophronius, Sergius, Romanus, Anastasius, n'appartiennent qu'au siècle suivant. Cette poésie fut développée plus encore au huitième siècle par André de Crète, Cosme de Jérusalem, Jean de Damas, les premiers auteurs des canons. Les siècles suivants virent encore s'accroître le nombre des poètes et celui des poèmes, et ce n'est qu'au onzième siècle que cette veine commença à être abandonnée.

Les premiers tropaires, toujours pourvus d'une mélodie, ont servi de modèles à d'autres strophes strictement calquées sur la strophe originaire, qui fut alors appelée hirme, tandis que l'imitation s'appellait automelon ou idiomelon. Plusieurs strophes composées sur le même hirme formaient une ode, et neuf odes, nombre qui correspondait aux neuf parties de l'office divin, formaient un canon. Toutes ces compositions avaient pour but d'embellir la liturgie par le chant et par la poésie qui lui manquaient encore. On intercalait les tropaires dans presque toutes les parties de la liturgie, mais particulièrement dans les matines et les vêpres.

La Grèce moderne qui se sert encore aujourd'hui de ces compositions anciennes, ignorait elle-même, il n'y a pas longtemps encore, leur structure artistique, et croyaient qu'elles étaient en prose. L'erreur a été dissipée par le cardinal Pitra, qui y trouva des membres indiqués dans d'anciens manuscrits par des points et des astérisques. Cette observation a été confirmée par M. Christ qui, après avoir soumis ces compositions à l'examen au point de vue rythmique, s'exprime ainsi[2]: « *Sub finem huius capitis de colis corumque numeris ut summam questionis complectar et quibus numerorum legibus carmina illigata fuerint, brevi definiam, by-*

---

[1] L. c., p. 52.
[2] L. c. LXXXVIII.

zantini melodi et cantores non rhythmum sed rhythmi quandam umbram consecuti sunt. Atque adeo numerorum natura eos latebat, ut nec magistri cola in pedes dirimenda esse monerent, nec musici lineis aliisve adminiculis ad modos in aequales particulas dissecandas uterentur. Pedum igitur divisionem cum spernerent, colorum divisio ultima erat ».* Les tropaires byzantins ne contiennent donc pas de pieds, et la seule subdivision des strophes qu'on y remarque est celle des cola, tout comme dans la lyrique classique. Le rythme iambique fondé sur l'accent serait vraiment facile à construire dans la langue grecque qui possède de nombreux oxytons, et pourtant voici ce qu'en dit M. Christ : *« Cola quae iambicorum colorum similitudinem ita referrent, ut unoquoque pede acutam syllabam loco longae haberent, equidem nulla novi.* Il aurait raison de s'étonner, si les mélodes byzantins n'avaient employé aucun signe pour le rythme : *« Quamvis paene innumeras notas musicas excogitaverint, quibus non solum altitudinem vocis sed etiam temporis spatium, et vocis varios flexus notarent, tamen nullo signo ad rhythmum numerosque indicandos usi sunt »*, mais le rythme y était indiqué par les *« notae temporis spatiorum »*. C'est bien le rythme du moyen âge, ce n'est pas le nôtre, mais il est vrai que nos idées sont faussées sur ce sujet par le rythme vif et rapide de nos danses. Ce n'est pas sans raison que le moyen âge admirait son rythme car aujourd'hui encore il charme quiconque sait l'apercevoir. Il faut le chercher dans le chant et ici dans des suites des notes longues et brèves et des figures mélodiques placées aux endroits parallèles, ou à peu près, dans les vers d'une strophe. C'est Gui d'Arezzo qui en parle avec le plus de pénétration : *« Sicque opus est, ut aliae voces ab aliis morulam duplo longiorem vel duplo breviorem habeant ; ac summo opere caveatur talis neumarum dispositio ut aut in numero vocum aut in ratione tonorum neumae alterutrum conferantur atque respon-*

deant... Item ut reciprocata neuma eadem via, qua venerat redeat, ac per eadem vestigia recurrat....[1] ».

Repoussant l'ictus, nous saisirons l'occasion qui se présente de lui porter un nouveau coup. Voici ce que nous apprend le savant philologue[2] : « *Recentiorum Graecorum in cantilenis fere singulae syllabae singulis ictibus pedis feriuntur, rarissimeque duo soni correpti uno ictu comprehenduntur* ». C'est bien l'ictus de l'antiquité transmis jusqu'à nos jours, mais déjà des grammairiens antiques avaient enseigné que la thésis aussi bien que l'arsis possédaient leur ictus : « *Pes ictibus fit duobus* », dit Terentianus Maurus; « *Ictibus duobus ἄρσις et θέσις perquirenda est* », dit Diomède[3]. Evidemment il ne représente pas l'élément rythmique, il indique ici, comme là, le mode d'énonciation des tons longs par des frappés prolongés et des tons brefs par des frappés brefs.

Le rythme fondé sur l'accent a trouvé un nouveau défenseur dans le P. Bouvy. La notion de l'accent que l'auteur s'est faite n'est pas exacte. Il est pour lui le principe logique qui fait du mot l'image de l'idée. Or, cette fonction logique, ou plutôt psychologique, appartient surtout à la syllabe radicale du mot. L'accent de son côté représente, à notre sens, l'élément exclusivement affectif, qui relève tantôt l'idée du mot représenté par le radical, tantôt la relation exprimée par la désinence, tantôt le mode de la relation, en faisant ressortir la syllabe thématique. C'est cet élément affectif qui l'a rendu le générateur du chant et de la musique.

Le P. Bouvy pense que l'accent avait été pendant la période classique l'auxiliaire de la quantité et servait principalement à introduire la variété dans l'uniformité du rythme. « Les correspondances toniques », dit-il, « formaient un rythme de surcroît et de luxe qui s'ajou-

---

[1] GERBERT, Scriptores de musica, II, 15; cfr. LAMBILLOTTE, l'esthétique, théorie et pratique du chant grégorien.
[2] L. c., LXXXI.
[3] L. c., VI, v. 1343, I, p. 471, cfr. WESTPHAL, Theorie der musischen Künste der Hellenen, 1883, § 24.

tait au rythme nécessaire pour en augmenter la richesse et la perfection ». Nous savons déjà que dans la rythmique ancienne les thésis et les accents ne s'accordaient pas ensemble, sinon par accident. Si tous deux étaient des éléments constitutifs rythmiques, il se contrariaient très souvent, ils s'annulaient au lieu de se renforcer. Admettre ces deux éléments rythmiques est donc un contresens. C'est ainsi qu'une fausse doctrine égare les meilleurs esprits, car le P. Bouvy était bien près de saisir le vrai caractère de l'accent antique.

Examinant la disposition des accents dans les tropaires, ce savant a fait une observation fort intéressante. Il a remarqué que les accents gardent un certain ordre, non seulement à la fin des cola, mais quelquefois (Sergius) dans toute l'étendue des strophes. La quantité des syllabes étant indifférente, nous pouvons désigner les syllabes par des x, et voici d'après notre auteur la distribution des accents dans une strophe :

```
x x x́ x x́ x
x x x́ x x x́
x́ x x́ x x x x́ x x x́ x x
x x x́ x x x x́ x x x x́
```

Dans cette strophe les accents ne se répètent pas dans un ordre donné, ils ne constituent donc pas un rythme, mais chaque strophe suivante de l'ode entière place les accents aux mêmes endroits. Cette disposition des accents, pour n'être pas rythmique, ne laisse pas d'être préméditée et doit avoir un sens. Souvenons-nous que pour les mélodes byzantins les signes des accents étaient en même temps des neumes, des signes de la notation musicale. Or, il paraît probable qu'en répétant les mêmes accents dans toutes les strophes, on déterminait la mélodie, les faîtes de la mélodie du tropaire. Cela s'accorde très bien avec la règle donnée par Théodore d'Alexandrie dans une glose : « ἐὰν ὡς θέλῃ ποιήσει καννόνα, πρῶτον δεῖ μελίσει τὸν εἱρμὸν εἶτα ἐπαγαγεῖν τὰ τροπάρια, ἰσοσυλλαβοῦντα καὶ ὁμοτονοῦντα τῷ εἱρμῷ, καὶ τὸν σκοπὸν ἀποσώζοντα » ; celui qui veut faire un canon doit choisir d'abord l'hirmus et composer ensuite les tropaires en conformant à l'hirmus le nombre de syllabes et les accents. Le cardinal Pitra a traduit « ὁμοτονοῦντά » par « conformant le mode musical », ce que le P. Bouvy veut remplacer par « accent par accent » ou « avec des accents symétriques », mais nous savons que les deux expressions ont le même sens.

Le mérite d'avoir reconnu que les cola ne sont pas les seules coupures de la strophe byzantine appartient à M. W. Meyer de Goettingue. Il nous a montré que les cola se réunissent dans des périodes parallèles et égales par paires. L'ode « Ἡ παρθένος » consiste en deux périodes de 15 syllabes, deux autres périodes de 13 syllabes, et un ephymnion de 20 syllabes. L'ode « Ὃν οἱ προφῆται » renferme selon l'auteur allemand la structure suivante :

$$12; 12 + 12; 14 + 14; 22.$$

Voici encore la structure découverte par M. Meyer dans l'hymne Ἄγγελοι οὐρανόθεν :

Prooemion: $7 + 7 + 10$;
$8 + 6 + 3 + 3$
$8 + 9$.
Strophe: $4 + 6$; $4 + 6$.
$6 + 7$; $6 + 7$.
$9 + 7$; $9 + 7$.
$7 + 7$; $7 + 7$.
$4 + 7$; $4 + 7$.
$4 + 7$; $4 + 7$,
Ephymnion: 8.

On voit que les strophes byzantines contiennent d'ordinaire un prohymnion et un posthymnion d'une forme et d'une étendue variables. Ces périodes additionnelles, aussi bien que le parallélisme de la structure, leur donnent une forte ressemblance avec les chœurs antiques reconnue aussi par M. Christ. Il paraît en effet que le tropaire originaire n'est qu'une imitation timide d'un chant lyrique. Ceci admis et les chants syriaques d'Harmonius n'ayant été qu'une autre imitation des mêmes modèles, il n'y a pas lieu de s'étonner si les tropaires ressemblent aux chants d'Éphrem puisque celui-ci ne faisait qu'imiter les formes d'Harmonius.

Ce genre de poésie très goûté par l'église orientale, comme l'atteste son énorme développement, a été de bonne heure accepté par les papes et introduit dans l'église occidentale. Le fait est confirmé par un passage d'une valeur historique importante de la Vie du pape Adrien II [1]. Bien qu'il ait été récemment cité par M. L. Gautier, je ne peux lui refuser ici une place, tant est grande la lumière qu'il jette sur l'introduction des tropaires dans la liturgie occidentale : « *Hic (Adrianus II) constituit per monasteria ad missam majorem in solemnitatibus praecipuis, non solum in hymno angelico Gloria in excelsis Deo canere hymnos interstinctos quos Laudes appellant, verum etiam in psalmis Davidicis quos Introitus dicunt intersecta cantica decantare, quae Romani* « *festivas laudes* », *Franci* « *Tropos* » *appellant, quod interpretatur figurata ornamenta in laudibus Domini.* « *Melodias quoque ante evangelium concinendas tradidit, quas dicunt sequentias, quia sequitur eas evangelium. Et quia a domno papa Gregorio primo et postmodum ab Adriano una cum Alcuino abbate delicioso magni imperatoris Caroli, hae cantilenae festivales constitutae ac compositae fuerant, multum in his delectato supradicto Caesare Carolo, sed negligentia cantorum jam intermitti videbantur, ab ipso almifico praesule de quo loquimur: ita corroboratae sunt ad laudem et gloriam Domini nostri Jesu Christi, ut diligentia studiosorum, cum Antiphanario simul deinceps et Tropiarius in solemnibus diebus ad Missam maiorem cantilenis frequentetur honestis.* M. Léon Gautier a contesté avec viva-

---

[1] Ed. Lebœuf; cfr. L. Gautier, Les Tropes, p. 38.

cité l'authenticité de ces paroles dans un livre riche en nouveaux détails, et qui pourrait facilement devenir le point de départ de recherches nombreuses. Pour nous cependant, l'auteur de la biographie nous paraît avoir été très bien informé parce que tout y est confirmé par d'autres documents. Il dit qu'Adrien II a rendu les tropes obligatoires pour les monastères et M. Gautier lui-même confirme que les tropaires latins proviennent surtout des cloîtres. Il dit qu'Adrien II et Alcuin s'occupaient à composer des séquences, et la première séquence latine a pour auteur Alcuin. Il paraît aussi que c'est ce genre de composition qu'on appellait cantilènes. Il ajoute que Charlemagne aimait beaucoup ces chants de provenance grecque, or voyons ce qu'en dit le moine de St-Gall[1] : «cum igitur Graeci... secreto in sua lingua deo psallerent et ille occultatus in proximo carminum dulcedine delectaretur, praecepit clericis suis, ut nihil ante gustarent, quam easdem antiphonas in latinum conversas ipsi praesentarent. Il nous paraît donc hors de doute que ce fut Adrien II qui établit définitivement la pratique des séquences dans l'Occident.

Le nom même de ces chants n'est qu'une traduction du grec ἀκολουθία. Nous connaissons déjà la forme des séquences grecques; or voici la facture de la séquence composé par Alcuin à la louange (laudes) de Saint Michel[2]. Après un prooemion de syllabes : 8 + 8, 8 + 8 nous y trouvons une suite de périodes égales par paires :

$$9 + 10; \ 9 + 10.$$
$$8 + 8 + 11; \ 8 + 8 + 11.$$
$$6 + 7 + 10; \ 6 + 7 + 10.$$
$$15 + 16; \ 15 + 16.$$
$$6 + 5; \ 6 + 5.$$
$$10; \ 10.$$
$$6 + 5; \ 6 + 5.$$
$$10; \ 10.$$

[1] Gesta Caroli, lib. II. Monum. germ. hist., II, 751.
[2] Poetae aevi Carolini, I, 348.

A la fin une période additionnelle, une épode de 5 + 16. La structure et l'emploi des séquences sont donc exactement les mêmes que dans les tropaires.

Les séquences de Notker sont d'une facture plus simple. La « Metensis » nous présente les périodes suivantes : 4 — 12,12; 14,14; 13,13; 14,14; 16,16; — 8. La facture de la « Romana » s'exprime par les chiffres qui suivent: 14 — 9,9; 18,18; 20,20; 18,18; 22,22; 19,19 — 8. L'identité de forme entre les séquences latines et les tropaires byzantins étant hors de doute, nous pouvons constater une très forte influence byzantine dans la littérature occidentale du moyen âge. On peut voir par les recueils de Daniel, Mone, Morel, Kehrein et dans le livre de M. Léon Gautier combien la vogue de ce genre de composition a été considérable au dixième siècle et aux suivants.

Cependant à dater du douzième siècle les séquences latines changent de forme. Leurs cola se transforment en vers fixes et rimés, leurs périodes en strophes. Mais c'est peu à peu que cette transformation s'opère. Déjà Notker en donnant à une de ses séquences la facture suivante:

15,15, 16,16,16; 16,16; 14,14; 15; — 16.

s'approche visiblement d'une certaine égalité de périodes. Mais cette égalité approximative n'aurait pu satisfaire le goût esthétique occidental, on voulait fixer les cola, on voulait les réduire aux formes de la rythmique latine. La rime fut introduite dans les séquences, et la rime étant en même temps le rythme, les lois de la rythmique latine transformée réagirent sur les formes flottantes empruntées à la rythmique grecque afin de les conformer à ses propres modèles. Voici la structure d'une séquence de Pâques : [1]

---

[1] Kehrein, p. 89, n° 93.

cinq strophes de 7,7,7, rimées : a,a,b ; c,c,b ; d,d,b ; etc.
deux   —   7,7,7,7,   a,a,b,b.
deux   —   8,8,7,8,8,7,   (a)a,(a)a,b,(a)a,(a)a,b.
deux   —   8,8,8,8,   a,a,b,b.
deux   —   8,8,8,7,   a,c,b,c, — d,d,f,c.
un vers de 7, rimé c.

Les strophes n'y sont égales que par paires, en quoi le type originaire se manifeste encore, mais les vers qui sont rimés appartiennent déjà aux formes les plus usitées dans la rythmique latine.

Certains auteurs ne s'en tenaient plus rigoureusement au parallélisme et introduisaient dans les séquences des strophes non appariées. Nous donnons en exemple la facture d'une séquence en l'honneur de Saint Nicolas [1] :

quatre strophes de (8+7=)15,(8+7=)15,(8+7=)15,(8+7=)15.
deux strophes de 8,8,7,8,8,7.
une strophe   8,7,8,7.
une strophe   8,8,7,8,8,7.
une strophe   8,7,4,8,7,4.
épode   8,7,8,7.

Le vers fondamental de cette composition entière est déjà le septénaire.

La plus riche variété des formes intermédiaires se trouve dans Adam de Saint Victor. Il compose une séquence de la manière suivante [2] :

une strophe (prooemium) de 5,5,5,5.
deux strophes de   —   5,6,5,6,7.
deux strophes de   —   6,6,6,6,6.
deux strophes de   —   (4 + 6 =) 10, (4 + 6 =) 10.
une strophe de   —   6,6,6 ; 6,6,6.
épode   —   8,8, 7,7.

Une autre contient [3] :

quatre strophes de 8,8,7, 8,8,7.
deux   —   6,6,6,6.
deux   —   8,8,7. 8,8,7.

[1] Kehrein, p. 449, n° 665.
[2] Id., 76.
[3] L. c. p. 136.

— 153 —

deux   —   6,6,6,6.
deux   —   8,8,7, 8,8,7.
deux   —   8,7, 8,7.
épode   —   7,7.

La strophe divisée du septénaire y prévaut déjà, mais entremêlée aux paires de strophes hétérogènes. Il met dans une autre séquence [1] :

une strophe de : 7,7,7 ; 7,7,7 ; 7,7,7.
une   —   7,7,7 ; 7,7,7.
une   —   7,7,7,7 ; 7,7,7,7.
deux   —   8.8,7 ; 8,8,7.

Il construit une autre séquence de [2] :

quatre strophes de : 7,7,7,7,7,7,7.
deux   —   7,7,7,7 ; 7,7,7,7.

Il arrive à une composition de :
treize strophes de : 8,7,8,7.
épode   —   6,6,6,6,5.

Il finit par se servir exclusivement de la strophe issue du septénaire : 8, 8, 7, 8, 8, 7, en la répétant 6, 8. 9, 10 ou 12 fois, sans épode. Cette strophe resta la plus usitée dans les séquences du treizième siècle et plus tard encore. Or, personne ne niera que le septénaire est un vers très caractéristique pour la rythmique latine. Les auteurs des séquences latines postérieures en ramenant tous les cola. et toutes les périodes variables au septénaire coupé par la rime et à la strophe qui en est sortie, ont agi de la même manière que l'a fait jadis Horace envers la rythmique grecque ; c'était un acte analogue, inspirée par le même sentiment, c'est-à-dire, par une profonde aversion pour des formes chancelantes. A l'époque classique latine on a converti les cola lyriques en mètres, au douzième siècle on a ramené les cola byzantins à la stabilité des rythmes qui étaient l'image des mètres.

[1] L. c., p. 85.
[2] L. c., p. 86.

Il ne sera pas déplacé peut-être d'ajouter à la fin de ce chapitre une analyse sommaire d'un système de versification nouveau, qui, propagé au sixième siècle et au commencement du septième, n'a pas réussi alors à s'établir. Nous verrons plus tard que ce système n'est pas sans quelque liaison avec la rythmique byzantine dont nous venons de traiter. Dans le cinquième volume des *Classicorum veterum fragmenta*, Angelo Mai a publié un curieux traité de grammaire et de rhétorique, dont l'auteur, Virgilius Maro, était resté jusque-là, nous croyons, complètement inconnu aux savants. Son importance a bien diminué de nos jours. Nous l'avons cité déjà deux fois dans le cours de ce travail, mais nous devons d'autant plus nous en occuper encore que son système n'a été éclairci par personne [1]. Le savant éditeur nous a appris que ce grammairien était un Gaulois de Toulouse. Cette ville paraît avoir été alors le centre d'une école de rhétorique, dont les membres, vaniteux à l'excès à ce qui semble, prirent les noms des auteurs les plus célèbres de l'antiquité, s'appelant : Caton, Cicéron, Horace, Maevius, Lucain, Térence, Varron, Virgile. C'est peut-être le premier exemple de l'adoption de noms littéraires, suivi plus tard par les savants de la cour de Charlemagne; seulement les rhéteurs toulousains ont poussé l'orgueil jusqu'à abandonner et oublier leurs propres noms. Virgilius Maro a eu pour maître un certain Virgilius Asianus, qui « *puerulo notas charaxavit* [2] », pour disciple un certain Donat qui vivait à Rome.

Rien ne dénote mieux l'étrange direction d'esprit de cette école que les douze genres de latin dont parle Virgilius Maro [3] : « *Latinitatis autem genera sunt* XII, *quo-*

[1] Cfr. Meyer, Ludus.
[2] Ce mot caractéristique qui selon une juste observation de M. A. Jeanroy est le grec « χαράσσω, écrire, » la tmèse, apparaît encore dans Aedilwald et dans un chant de provenance anglaise ; cfr. Du Méril, poés. popul. lat. du moyen âge, 1847, p. 123.
[3] L. c., p. 99.

rum unum usitatum scitur, quo scripturas Latini omnes atramentantur; ut autem XII *generum experimentum habeas, unius licet nominis monstrabimus exemplo. Inusitata enim latinitate I ignis ; II quoquevis habis ; III ardon dicitur quod ardeat, IV calax ex calore, V spiridon ex spiramine ; VI rusin ex rubore* », puis « *fragon, fumaton, ustrax de urendo, visius quia vivificat, selusens aeneon* ». Ce n'est pas de l'argot, comme l'on a voulu dire, c'est de la science grammaticale, mais de la plus fausse. Il est certainement permis d'appeler les choses d'après leurs qualités et les circonstances qui les accompagnent, il est permis de faire de nouvelles dérivations, mais il n'est pas nécessaire d'inventer douze noms pour qualifier une seule chose, il n'est pas permis de créer ces noms nouveaux en dehors de toute analogie. Virgilius Maro et ses compagnons n'avaient plus le sentiment de la langue et n'avaient aucune idée de la science grammaticale. Ce n'étaient que des charlatans, des hommes sans conscience, car ils enseignaient ce qu'ils n'entendaient pas et cherchaient, en outre, à rendre leur enseignement, obscur à dessein, accessible seulement aux adeptes.

Cependant le moyen âge ne jugeait pas de même. Il considérait ces circonlocutions comme des métaphores, des métonymies rhétoriques et poétiques. Nous allons signaler bientôt la connaissance des œuvres du rhéteur en question chez les Anglo-Saxons, chez Aldhelm : or, l'usage, nous voudrions dire la rage de la métonymie est tellement forte dans l'ancienne poésie anglo-saxonne et plus encore chez les scaldes scandinaves, que ces faits se rapprochent d'eux-mêmes et nous croyons y voir régner la même règle, passer le même courant littéraire.

L'ignorance profonde de ces rhéteurs se cachait sous l'obscurité et la redondance de leur langage. Virgilius Maro parle de *mètres*, mais c'est aux mots qu'il donne cette qualification. Il parle de pieds en entendant les syllabes. Quelquefois il appelle les mots *phona* ou *soni*, mais par endroits il lui arrive d'employer les mots : *pieds* et *mètres* dans leur vrai sens. Il en résulte une confusion parfaite. Mais laissons-lui la parole : « *Metrorum quidem compositio multifaria est ; non enim ad eundem ordinem, naturam, numerum, finem, omnia respiciunt ; verumtamen unum nosse debet unusquisque cantatorum, quod metiatur, in quacumque pensatura phona sint* ». Chaque chanteur, c'est-à-dire chaque poète, doit donc savoir qu'on mesure le poids des mots. Il se peut qu'on doive donner au mot *phona* le sens que lui attribuaient les auteurs des traités sur la musique au moyen âge, où il signifie des tons musicaux. La « *pensatura phonorum* » serait alors la longueur ou la brièveté des tons. « *Metrum ex meta nomen accepit, cuius pedes sunt dicti velut quaedam medietates sonorum, quae quoniam necessitate cantandi a poetis disparata sunt, in tantum ut extrema soni parte in alterum translata, nullum phonum incolume remaneat ; hac de causa nullum metrum planum inveniri potest* ». Le sens de ces paroles, si toutefois elles en ont un, nous paraît être le suivant : les pieds, c'est-à-dire les syllabes, sont des parties intermédiaires des mots ; les poètes les séparent à cause du chant, c'est-à-dire ils réunissent des syllabes de divers mots dans un pied, de sorte qu'il ne reste aucun mot intact et à cause de cela il n'y a pas de mètre plein, où les pieds et les mots seraient d'accord, coïncidants. On nous accordera peut-être que tel pourrait être le sens approximatif de ce qu'a voulu dire le grammairien qui, ignorant les principes de la métrique, se sert pourtant de quelques notions de métrique, fort superficielles, il est vrai, pour donner à ses chimères une vague apparence d'érudition. « *Multas enim a metro cantilenas, propter poetarum rhetorumque voluntatem eorum sectae declarant.* » Il y avait de son temps des sociétés de poètes et de rhéteurs qui avaient abandonné la forme traditionnelle des vers et des chants, et qui en composaient d'une manière nouvelle. Nous sommes portés à croire qu'ils y étaient déjà poussés par le courant byzantin. Il faut insister ici sur son témoignage que les *rhéteurs* de son temps se mêlaient vraiment de la poésie et de cantilènes. « *Quaedam enim prosa, quaedam liniata, quaedam etiam mederia, nonnulla perquam extensa ponuntur; quorum pauca pro vestra utilitate exposituri sumus* ». Nous avons cité plus haut déjà son passage sur les *proses*. Ils ont quatre mots disyllabiques dans chaque vers, voilà leur règle. D'après l'auteur, les mots de deux syllabes sont des spondées. Venons au second genre de ses vers: « *Mederiorum est versuum nec prosos nec liniatos fieri, quod magis pro cantuum modulatu, quam rationis respectu consuetum est. Varrone canente :*

>   Festa deum sollemnia
>   Canam publica per compita
>   Quorum fistula modela
>   Poli persultant sidera.

Nunc metire per metra. Primus versus est trium membrorum, quorum primum per spondeum et duo sequentia per dactylos ponderantur, et sic per IV *versus pari lance pensatos bis sena reperies metra et pedes triginta*». Les vers qu'il appelle *mederii* tiennent le milieu entre les *prosae* et les *liniati*. Ils se rapprochent des proses par le nombre égal de syllabes, des *liniati* par les mots trisyllabiques qu'ils renferment, qui pour notre auteur sont tous des dactyles, comme tous ceux de deux syllabes sont des spondées.

« *At liniati versus quinque semper metris metiri debent, secundum illud Catonis elegantissimi rhetoris* :

>   Bella consurgunt poli praesentis sub fine
>   Preces tempnuntur senum suetae doctrinae
>   Reges dolosi dolos fovent tyrannicos
>   Deum cultura multos neglecta per annos. »

Ces vers contiennent chacun treize syllabes en cinq mots. On n'y compte pas les particules comme mots, mais comme syllabes. Ils n'ont pas de césure.

« *Perextensi autem versus ornato quidem sed inra-*

tionabili circuitu paene usque ad XII *perveniunt, secundum illud Lupi christiani ita affantis:*

Veritas, vera aequitas, veraque largitas, laudata fides, tranquillaque tenent tempora ».

Voilà un vers vraiment *perextensus*. Il contient douze mots ; *ornatus circuitus* se rapporte à l'allitération et à la rime intérieure. Le grammairien parle ensuite des vers triphones, dont voici l'exemple :

Arcadicus rex terrificus
Laudabilis laude dignissimus,

et de vers quadriphones :

Sol maximus mundi lucifer
Omnem aëra illustrat pariter.

Le premier genre est à trois, le second à quatre mots par vers. Mais il faut lire encore ce que V. Maro ajoute : « *In quibus quidem non est derogandum, quia poetis libertas quaedam suos componendi versus a veteribus nostris permissa est ; sed tamen indubia fides his non est adhibenda quia auctoritate canonum nulla suffulti, permissum magis sequi quam exemplum voluerunt* — c'est-à-dire ceux qui en faisaient ». Tout ceci n'est qu'un pur bavardage, car les deux derniers genres de vers ont autant de valeur que les précédents. Tous sont basés sur le même principe, et nous ne connaissons aucun canon qui approuverait les uns ou condamnerait les autres. Le grammairien Virgilius Maro n'était pas sûr de son principe.

Puisque nous sommes en présence de ce principe, nous allons tâcher d'y faire la lumière. Il exige un nombre déterminé de mots pour chaque genre de vers, et ensuite que les mots de longueur égale occupent les mêmes places sur la ligne des vers. Cette règle de structure avait pour but de placer les accents sur les mêmes points de chaque vers d'un genre donné. Le nombre de syllabes n'est pas partout exactement le même, mais la rime, jointe à une cadence rythmique régulière, n'est oubliée dans aucun vers.

Nous trouvons d'abord dans le grammairien toulousain des vers de trois mots, dont voici le schème :

$$x\; \acute{x}\; x\; x\; |\; \acute{x}\; |\; x\; \acute{x}\; x\; x,$$

puis deux genres de vers à huit syllabes dont l'un à trois, l'autre à quatre mots :

$$\acute{x}\; x\; |\; \acute{x}\; x\; |\; x\; \acute{x}\; x\; x, \quad \acute{x}\; x\; |\; \acute{x}\; x\; |\; \acute{x}\; x\; |\; \acute{x}\; x;$$

un autre genre de vers à quatre mots, mais à neuf syllabes :

$$\acute{x}\; |\; \acute{x}\; x\; x\; |\; \acute{x}\; x\; |\; \acute{x}\; x\; x;$$

enfin, des vers à cinq mots :

$$\acute{x}\; x\; |\; x\; \acute{x}\; x\; |\; \acute{x}\; x\; |\; x\; \acute{x}\; x\; |\; x\; \acute{x}\; x.$$

Les accents ne forment pas des pieds rythmiques réguliers, mais ils se retrouvent aux mêmes points de tous les vers de chaque genre, comme nous l'avons dit déjà. Voilà le lien qui rattache la versification exposée par Virgilius Maro à la versification des tropaires byzantins. En examinant la structure des tropaires, nous avons trouvé que la distribution des accents servait à en déterminer la mélodie, or le même moyen doit avoir eu le même but dans la versification de V. Maro. Il ne le dit pas formellement, mais il parle à plusieurs reprises de *cantatores*, de *cantilenae*, de la *necessitas cantandi*, du *pro cantuum modulatu*. *Horum ordines versuum, quia non ad certam auctoritatem sed ad varietates poëticorum cantuum manifestandas positi sunt, indagari a me necesse non est.* Il paraît donc que cette pensée y est partout sous-entendue, qu'elle y est supposée connue. Constatons encore que nulle part il ne donne à ses vers les noms de *metrum* et de *rhythmus*.

Si nous examinons les conditions de la mélodie déterminée ainsi par des accents égaux et placés aux mêmes points dans tous les vers, nous trouverons qu'elle n'a pu être que monotone. Tous les vers d'une pièce se chantaient à peu près sur le même air. Elle avait alors une forte analogie avec le chant des anciens aèdes et on n'a pu chanter plus tard les chansons de geste d'une manière différente. Voilà ce qu'on peut déduire de la doctrine de Virgilius Maro, et cette supposition est confirmée par la notation qui accompagne les chants dans les drames liturgiques du moyen âge où, en vérité, tous les vers du même chœur (car il y avait des chœurs) étaient chantés sur la même mélodie.

La structure des vers sur la base du nombre de mots et des accents mélodieux est donc démontrée. Mais faudrait-il en conclure que Virgilius Maro et les auteurs des tropaires byzantins n'ont fait que suivre une tradition fort ancienne et qui présidait déjà à la composition des vers saturniens? Je ne saurais le dire.

Le grammairien toulousain n'est pas le seul auteur latin du moyen âge qui ait placé avec soin les accents mélodieux dans les vers, la même tendance ayant été remarquée par M. Bartsch dans quelques séquences[1]. Cela constitue un nouveau lien qui rattache notre auteur à la poétique des tropaires byzantins. Il faut remarquer cependant que la règle des accents mélodieux, bien qu'évidente, n'était générale ou obligatoire ni dans les tropaires ni dans les séquences.

Notre auteur semble vraiment avoir joui de quelque autorité dans les temps qui l'ont suivi, car il se trouve cité plus d'une fois par Aldhelm[2], plus tard par Abbo et Gainfredus. Outre l'influence dont nous avons déjà parlé, c'est à lui et à son école qu'il faut attribuer encore la propagation de la rime et de l'allitération dans l'ouest et le nord-ouest de l'Europe. Son système de versification

[1] Die lateinischen Sequenzen.
[2] Auct. class. V, 520, 546.

pourtant n'a pas été accepté, car il était exceptionnel, hors du courant métrique et rythmique toujours prédominant en France. Ce courant fut renforcé un peu plus tard par Charlemagne qui ouvrit largement les portes de son empire à l'influence de la littérature classique et qui peut être considéré, à bon droit, comme le véritable initiateur de cette revivification des études classiques, qu'on appela plus tard la Renaissance.

A l'époque de floraison de l'ancienne littérature française, l'accent latin paraît avoir perdu sa valeur musicale. Au quatorzième siècle, non seulement il ne déterminait plus la mélodie, mais il en était ignoré. « *Car lo can de musica*, dit Molinier [1], *regularmen no le ni garda accen, segon que podetz vezer en lo respos :* benedicta et venerabilis, *car mays trobaretz de ponhs en lo* ta, *que es breus naturalmen que en lo* be, *ni en lo* dic, *quanque l'accens principals sia en aquela sillaba. Aquo meteysh podetz vezer en lo vers d'aquel meteysh respos que commensa* virgo, *car en lo* go *trobaretz gran re de ponhs et en lo* vir, *on es l'accens principals, non trobaretz mas un* ».

[1] L. c., 58.

IX

La versification romane tire son origine de la rythmique latine, mais la plupart des formes lyriques romanes sont postérieures à l'introduction des séquences latines.

Il serait superflu de s'occuper ici de la technique des vers romans, des vers français surtout, parce que cette matière a été déjà élucidée suffisamment dans les excellents ouvrages de MM. Quicherat, de Gramont, Th. de Banville, Becq de Fouquières, Gaston Paris, Tobler, Lubarsch, Blanc, Fracarolli, marquis de Pidal, Alfred Maury. L'appréciation esthétique n'entre pas dans le cadre de ce travail et les peuples romans, eux-mêmes, en sont les meilleurs juges. Il importe cependant d'examiner la relation historique non encore bien établie entre la versification latine et la versification romane, et aussi entre les différents systèmes de versification que possède chaque littérature romane en particulier. Une autre question pourrait encore nous tenter : à savoir la provenance des compositions romanes lyriques, des chansons, des pastourelles, des ballades et d'autres. Ce ne sont pas seulement des questions purement romanes, mais elles intéressent au plus haut degré toute la littérature européenne.

Commençons par les versifications provençale et française, qui reposent sur la même base et qui possèdent les mêmes formes, de sorte que ce qui sera prouvé pour l'une le sera aussi pour l'autre. Ici comme ailleurs je m'appuierai de préférence sur des témoignages indigènes et les moins éloignés de l'époque originaire pour apprendre non pas ce qu'on pourrait y supposer contenu, mais plutôt ce dont les contemporains avaient conscience.

Nous savons déjà, que le mot *rhythmus* signifiait au moyen âge l'imitation d'un vers métrique, or, si nous trouvons qu'on donnait le même nom aux vers français et provençaux, nous y aurons une preuve qu'on les considérait aussi comme des imitations des mètres. Cette preuve nous est fournie par Molinier, seulement, comme il écrit en provençal, le mot *rima* ou *rims* doit signifier pour lui à la fois la rime et le rythme. Néanmoins il n'ignore pas la signification fondamentale[1] : « *Rims es certz nombres de sillabas, ajustat a luy autre bordo pér pario d'aquela meteysha acordansa e parital de sillabas ...* » un nombre défini de syllabes et la consonance finale voilà ce que comprend sa notion du *rims*. Les autres rythmiciens de son temps paraissent n'avoir pas donné d'autre sens au mot *rims* que celui de rime ; il se sent donc obligé de réfuter leur opinion en disant : qu'il y avait des auteurs « *lequals no volon entendre que rims sia engallatz de sillabas ses acordansa final* ». Il se conformait donc à l'opinion des anciens grammairiens latins pour lesquels le « *similiter desinens* » n'entrait pas nécessairement dans la définition du rythme.

Ce que nous appelons le rythme du vers lui est à peu près inconnu, quelques éléments de cette notion se trouvent pourtant dans son traité sous les mots : compas, bela, cazensa, accens. Nous allons examiner ce qu'il en dit.

Il entend par compas la longueur du vers mesurée par le nombre de syllabes avec les pauses obligatoires, dont il distingue trois espèces ; *pauzas suspensivas* dans l'intérieur du vers, à la césure, *pauzas planas* à la fin du vers, « *por far plus pleniara alenada*, et *pauzas*

---

[1] Las flors del gay saber p. 180.

finals, qu'om fay à la fi de cobla». Il ne demande pas que les pauses du vers coïncident avec les pauses logiques, il exige seulement qu'on évite de placer à la fin des vers des mots comme : *car, quand, c'est-à-dire,* d'y commencer une nouvelle proposition, il exige en outre que la phrase finisse avec la strophe.

D'après lui certains vers comme ceux de neuf syllabes n'ont jamais une belle cadence, mais il ne peut en donner aucune raison : « *Bordo en nou sillabas no podem trobar am bela cazensa, per que no trobaretz que degus dels antics haian pauzat aytal bordo :*

> Mayres de Dieu los mieus precs enten
> Et am to filh tu donam defen ».

Nous en avons indiqué déjà la cause probable, c'est que l'ennéasyllabe n'était usité ni dans la métrique, ni dans la rythmique. Il continue : « *Encaras vos dizem que apenas ha bela cazensa pauzat que d'aquestas* IX *sillabas fassa hom dos bordos, lo primier de* V *et l'autre de quatre o per lo contrari* [1].

Tu mayre de Dieu	o :	Mayre de Dieu
Mos precs enten		Los mieus precs enten
Et am lo filh tieu		Am lo filh tieu
Aram defen		Tu donam defen.

Ceci prouve pertinemment qu'en roman aussi bien qu'en latin des vers nouveaux ont été formés par la coupure rimée des vers plus longs, mais en ce cas le vers suivant sert toujours de complément au vers précédent de manière à déterminer la forme d'une strophe.

Il enseigne encore un autre moyen de donner aux vers de neuf syllabes une meilleure cadence : « *Empero ab rimas multiplicadas poyria be estar et adoncs haurian bela cazensa segon qu'om pot vezer ayssi en aquestz versetz :* »

---

[1] l. c. p. 112.

Lo mon veg maladreg o destreg
Quar apleg franh hom dreg per naleg.

Molinier connaît l'importance de l'accent dans les vers, et ce qu'il en dit pourra être décisif pour nous aussi. Il reproduit d'abord toute la théorie antique sur l'accent, puis passant aux vers romans il dit : « *Per so cove que digam en qual loc dels bordos deu hom gardar accen et en quals no. E devetz saber ques en la fi dels bordos de quantas que sillabas sian, deu hom gardar accen. Quar si laus bordos fenish en accen agut, l'autres qu'es sos parios per accordansa deu ysshament fenir en accen agut o si fenish en accen greu, aquo meteysh* ». L'accent doit être observé encore dans la césure : « *Item en bordos de* IX *sillabas e de* X *e de* XII *deu hom tostemps pauzar accen agut, en aquels locs en los quals cazon las pauzas suspensivas*». Cette règle est trop restreinte parce qu'on plaçait aussi des mots paroxytons dans la césure, mais outre ces deux places à la fin des vers et à la césure la place de l'accent était parfaitement libre.

Les mots français étant toujours accentués sur la dernière syllabe sonore et les vers y finissant par conséquent toujours par une syllabe accentuée, il s'ensuit qu'il n'y a pas dans la versification française de pieds descendants, de trochées, de dactyles et autres semblables, si après tout nous voulons parler de pieds fondés sur l'accent.—La versification française possède donc seulement des pieds ascendants de la forme : $\smile-(\smile)$, $\smile\smile-(\smile)$, $\smile\smile\smile-(\smile)$, $\smile\smile\smile\smile-(\smile)$; assez souvent $-\smile-$, $-\smile\smile-$ et même $--$. Ils se présentent d'une manière spontanée dans tous les vers français depuis le moyen âge jusqu'à nos jours, avec cette différence cependant, que dans les vers modernes la modulation est plus soigneusement recherchée, le choc des syllabes accentuées plus évité qu'il ne l'était autrefois. Pourtant on n'y répète pas et on n'y a jamais répété le même pied, quel qu'il soit, d'une manière constante. Les vers romans, puisque c'est une particularité commune à tous, ne sont donc pas rythmiques dans le sens moderne du mot qui exige, l'imitation d'un pied métrique. La notion du pied disparut entièrement de la versification rythmique latine, aussi était-elle abandonnée dans la versification romane. Les vers français et romans ne sont pas rythmiques, mais ils sont des rythmes. Ils le sont au même titre que les rythmes latins, parce qu'ils conservent le schème de mètres antiques, leur étendue mesurée par le nombre de syllabes, puis la césure et la cadence finale régulière. S'il en est ainsi quel rôle y jouent donc des accents qui toutefois y produisent une modulation très agréable et très sensible ? Ce mot, nos lecteurs l'ont déjà prononcé, ils y produisent une modulation, la même dont parlent déjà les rythmiciens latins et qui se rapportait à la mélodie, aux accents. Les vers romans, à en parler suivant la tradition romaine, sont modulés, c'est-à-dire mélodieux par les accents.

Nous lisons dans Molinier : « *Bordos es una partz de rima quel al may conte xii sillabas e a tot lo mens quatre, si doncs no so empeutat o biocat, quar adoncs podon esser no solamen de quatro, mays de tres o de mens tro ad una sillaba* ». Une règle semblable a été donnée par un des grammairiens latins pour la rythmique latine, à ceci près que Molinier omet les vers de treize et de seize syllabes. Il mentionne en leur place les vers entés et brisés que nous ne connaissons pas encore et dont nous devrons parler dans la suite.

La même origine que nous avons trouvée au vers latin de quatre syllabes doit être attribuée également au tétrasyllabe roman, lui aussi dérive de l'octosyllabe coupé par la rime. Les vers romans de cinq syllabes se rapportent au mètre adonien, ceux de six à la moitié d'un asclépiade, ceux de sept au mètre choriaque, ceux de huit à l'ancien dimètre, ceux de dix au trimètre dactylique et au trimètre anapestique, ceux de onze syllabes répondent à l'hendécasyllabe et les alexandrins à l'asclépiade [1]. Les rythmes latins servaient de modèles pour la plupart de ces vers, mais nous ne croyons pas devoir insister sur ce point parce qu'on a pu faire des rythmes romans immédiatement sur les schèmes métriques que les créateurs des vers romans connaissaient probablement. Nous croyons pouvoir nous dispenser de donner des échantillons de vers français ou provençaux, très bien connus d'ailleurs de nos savants lecteurs.

Nous entreprendrons encore d'examiner ici brièvement une question assez difficile, au risque de n'arriver qu'à un résultat douteux. Les cadences finales des vers rythmiques latins étaient, on le sait, toujours égales déjà bien avant l'introduction de la rime, et bien plus après. On faisait rimer alors les mots paroxytons exclusivement avec des paroxytons et les proparoxytons de même. On continua à observer une règle semblable dans la versification romane, en ne permettant d'y accoupler par la rime que des mots à accent égal. La rythmique latine et la rythmique romane sont donc encore d'accord sur ce point. Mais on comptait dans les rythmes latins toutes les syllabes du mot final, tandis qu'on ne compte plus dans la versification française et provençale les syllabes posttoniques. Cette particularité n'est fondée sur aucune raison rythmique et elle ne peut dépendre que de la sonorité des syllabes. Elle s'explique très bien par la nature de la langue française où les syllabes posttoniques sont presque muettes, insaisissables pour l'oreille, mais il n'en est plus ainsi dans la langue provençale. Faudrait-il en conclure que cette règle soit née dans la versification française et qu'elle se soit assujettie la versification provençale, et même dans quelque mesure toute la versification romane, comme nous le verrons dans la suite ? La versification française est-elle donc plus ancienne que la provençale ? Les monuments ne s'oppo-

---

[1] Les plus anciens alexandrins paraissent être ceux qu'on trouve dans « Les vierges sages et les vierges folles ».

sent pas formellement à ce qu'on le pense. L'établissement de cette règle a pu d'ailleurs être facilité par le plus grand nombre des mots oxytons existant dans les deux langues, mais après tout c'est la faiblesse phonétique des syllabes posttoniques qui seule a pu la produire.

Passons à la versification italienne. Nous nous appuierons ici sur le traité d'Antonio da Tempo[1], beaucoup plus détaillé que celui de Dante. Ecrit en latin il nous montrera que les vers romans ont été véritablement considérés comme rythmes. On y lit[2] : « *Quod de rithimis vulgaribus per aliquam artem, quae meis oculis aut auribus intimata, non fuit per aliquos praecedentes, aliquid sub regulis aut determinato modo vel exemplis hucusque theorice nuncupatum... sed solum quidam cursus et consuetudo, quae ut puto a bonis et dignis veteribus habuit primitivam, quod quidem est per rithimatores quasi accidentaliter non autem magistraliter usitatum, idcirco ea quae circa hoc per experimenta rerum et practicam per alios rithimantes vidi hactenus observari in quamdam licet parvam artem et doctrinam et regulas redigere meditavi* ». Il déduit l'origine des rythmes italiens des exemples donnés par les premiers poètes en langue vulgaire et non pas d'une poésie populaire italienne, nous savons cependant que les premiers poètes italiens s'inspiraient de la poésie provençale et française.

L'auteur italien dit ensuite : « *Dictaminum literalium secundum rhetoricos tria sunt genera, scilicet prosaicum, metricum, rithimicum, de quorum materiis ad praesens literaliter tractare non expedit, quia per alios grammaticos et rhetoricos satis tractatum est. Sed quia de vulgaribus rithimis dicendum est, primo quaerendum est, quid sit rithimus. Ad quod dic, quod literalis rithimus secundum grammaticos est conso-*

---

[1] Delle rime volgari, trattato composto nel anno 1332, ed. Grion, 1869.

[2] p. 69 s.

nans paritas syllabarum certo numero comprehensarum ». Les renseignements que nous venons de lire sont très précieux. Da Tempo dit d'abord qu'on puisait alors les doctrines poétiques dans les écrits des rhéteurs, que nous ne connaissons plus tous probablement ; il confirme que la poésie rythmique appartenait au domaine littéraire, et il définit le vers rythmique conformément aux règles latines et provençales. Dans ce qui suit il s'attache plus encore à l'art et à la science des Latins: « *Item sciendum est, quod quilibet vulgaris rithimus constare debet in qualibet parte sui ex orationibus perfectis sicut rithimus literalis, et sicut quilibet literalis sermo. Praeterea sciendum est, quod quemadmodum in dictamine literali possunt componi colores rhetorici, sic et in vulgari rithimo quod etiam disputare non intendo... unum tamen loquor, quod non poterit aliquis esse bonus rithimator vulgaris, nisi saltem grammaticalibus studiis sit imbutus et quanto melius alias liberales artes et alias scientias noverit positivas, tanto magis, si haec vulgaris dictaminis scientia eius ingenio placuerit, perfectus inter caeteros apparebit* ». Ce long passage nous fait entrevoir jusqu'à quel point les esprits du moyen âge obéissaient à la science latine. Molinier, Da Tempo, Dante, Raimon Vidal, Uc. Faidit, tous s'unissent pour nous en démontrer le prestige. Avant leur temps la dépendance n'était probablement que plus grande. Nous pouvons nous en assurer par induction : Da Tempo déclare qu'il va tirer ses règles des exemples d'anciens et célèbres poètes ; il les met dans un ordre théorique et tous sont en accord parfait avec la théorie latine. Il faut donc que les « *Veteres digni et boni* » aient été dirigés par la même théorie. En général on envisageait au moyen âge la poésie et sa relation avec la rhétorique d'une manière bien différente de la nôtre, car voici ce qu'en dit un homme extrêmement compétent, l'auteur de la « *Divine comédie* » : « *Si poësim recte consideremus, nihil aliud est, quam fictio rhetorica in musicaque posita* [1].

Il s'agit maintenant de retrouver les motifs qui ont amené les premiers auteurs de vers italiens à adopter la règle d'après laquelle ils les ont construits et qui est constante depuis les premiers vestiges de cet art jusqu'à nos jours. On y distingue trois formes de vers suivant leurs cadences finales : *piani, tronchi, sdruccioli*. Dans les vers plains, qui sont toujours terminés par un mot paroxyton, on compte toutes les syllabes jusqu'à la fin du vers, ce qui donne le nombre normal des syllabes et constitue la forme normale du vers. Dans les vers tronqués, le dernier mot y étant toujours oxyton, il manque une syllabe au nombre normal prescrit ; quant aux vers glissants ils en contiennent une de plus que le nombre normal, parce que leur dernier mot est toujours proparoxyton. On voit que ces trois formes dépendent de l'accent du dernier mot. Or, cette règle ne provient pas de la rythmique latine où toutes les syllabes sont toujours comptées, et où chaque vers, quel qu'il soit, terminé par un mot oxyton, paroxyton ou proparoxyton doit contenir le même nombre de syllabes. Elle ne dépend pas non plus de la nature de la langue italienne, puisque toutes les voyelles y sont sonores et qu'il n'y a là aucune raison de supprimer du compte la dernière syllabe des mots proparoxytons. Mais cette règle s'accorde avec les règles françaises en plusieurs points : d'abord elle dépend de l'accent du dernier mot, puis le nombre de syllabes jusqu'au dernier accent est constant ; en outre elle admet des vers d'une syllabe de plus que le nombre normal. La différence entre la versification française et la versification italienne consiste en ce que dans les vers italiens une syllabe posttonique est toujours comptée au nombre prescrit de syllabes. La règle italienne, dans son ensemble, est donc une règle de compromis entre les modèles de la versification

[1] De vulgari eloquio, II, c. 5.

française et la nature de la langue italienne. On ne peut nier qu'en trouvant cette règle, la pensée italienne n'ait été très bien inspirée.

La versification italienne présente une prédilection marquée pour les vers au nombre impair de syllabes, à l'exception du vers ennéasyllabique. « *Et licet hoc endecasillabum celeberrimum carmen... principatum obtinet ; et dicimus eptasillabum sequi illud, quòd maximum est in celebritate ; post hoc pentasillabum et deinde trisillabum ordinamus ; enneasillabum vero, quia triplicatum trisillabum videbatur, vel nunquam in honore fuit, vel propter fastidium obsolevit ; parisillabos vero propter sui ruditatem non utimur, nisi raro* »; voilà ce qu'en dit Dante [1].

Cette préférence accordée au nombre impair de syllabes est en rapport avec une préférence semblable donnée au rythme impair dans la musique où, jusqu'au quatorzième siècle, l'on n'admettait pas de mesures aux temps pairs. « *Perfectum est, quod est in tres partes aequaliter divisibile vel in duas inaequales* », dit Jean de Muris ; « *Numero deus impare gaudet* », dit Adam de Fulda [2]. En adoptant cette doctrine, les Italiens ont donné un trait particulier à leur versification, tout en l'appauvrissant un peu. Les vers les plus usités y sont donc l'hendécasyllabe, le vers de sept et de cinq syllabes. Nous y trouvons aussi des vers brisés pareils aux vers *biocats* des Provençaux.

L'hendécasyllabe, ce vers dominant dans la versification italienne, que l'art de Dante, de Pétrarque et de l'Arioste ont rendu si célèbre, provient, comme tous les vers de onze syllabes dans la poésie européenne, de l'hendécasyllabe classique, nous ferons seulement remarquer que ce n'est pas le vers saphique à la césure fixe qui lui a servi de modèle, puisqu'il manque à l'hendécasyllabe

---

[1] De vulgari eloquio, lib. II, cap. 5.
[2] Gerbert : Scriptores rerum musicarum ; Musica practica, 225.

italien. En émettant cette opinion, nous sommes, il est vrai, en contradiction avec tous les savants qui ont traité de ce vers jusqu'à Fracarolli, qui lui attribuent une césure ou même deux, ce qui est vraiment trop[1]. Mais il n'a pas de césure, parce qu'il n'augmente ni ne diminue pas d'une syllabe lorsque le mot qui termine le premier colon est proparoxyton ou oxyton. Cette règle a la même valeur à l'égard de tous les vers romans, avec le petit changement que demande l'accent français et provençal. Elle est observée dans le seul vers italien à césure, ce qui nous oblige à nous occuper un moment du vers italien de quatorze syllabes, assez rare d'ailleurs. Il nous fournira la preuve catégorique de l'exactitude de notre opinion. On le trouve employé dans la jolie romance, ou plutôt tençon, de Ciullo d'Alcamo dans des strophes qui finissent par deux hendécasyllabes. En voici une comme exemple :

> Se di meve trabágliati,   follia lo ti fa fare ;
> Lo mar potresti arrómpere   avanti a semenare,
> L'abere d'esto sécolo   tutto quanto assembrare,
> Averme non poteria este monno,
> Avanti li cavelli m'arritonno.

On trouve ici une césure après des mots constamment proparoxytons, mais aussi le vers augmente-t-il d'une syllabe, de sorte qu'il en compte quinze.

Ce fait a entraîné Blanc à le prendre pour un septénaire, et Nanucci semble être du même avis. Mais le même vers se trouve encore dans Jacopone da Todi[2], où, à côté des vers à la façon de Ciullo d'Alcamo :

> Perchè gli uomini dimándano   detti con brevitate
> Facello per provérbii   dicendo veritate..,

on trouve dans la même pièce quelques vers composés de la façon normale :

---

[1] Cfr. BLANC, l. c.
[2] I primi secoli... p. 401.

Chi vuole il cor sicúro   porti da puritate
Chi vuole esser amáto   mostri stabilitate...

Les premiers vers ont quinze syllabes tandis que les autres en ont quatorze. Cela prouve non seulement que ces vers sont vraiment de quatorze syllabes, mais en même temps que les vers romans augmentent ou diminuent d'une syllabe suivant que la césure est masculine ou féminine.

Nous arrivons à l'exposition de quelques remarques sur la versification espagnole, qui nous semble le côté le plus faible de l'histoire littéraire espagnole, cultivée par tant d'hommes éminents et distingués. Ici aussi on a voulu avoir une forme autochtone ou qui, au moins, se rattachât directement à l'antiquité romaine. Les faits les plus clairs ont disparu sous d'épaisses ténèbres qui ne se dissiperont que lorsqu'on osera abandonner ce faux point de vue.

On prend généralement pour point de départ le Poema del Cid, supposé, ce qui est douteux, le plus ancien de tous les monuments de la littérature espagnole. Sanchez avait déjà reconnu que le vers employé dans ce poème est l'alexandrin, seulement il le dérivait de l'hexamètre et du pentamètre latins[1] :

De los | sos o- | -jos tan | fuerte | mientra llo- | -rando,
Tornaba | la cabe- | za | estaba | los catan- | do.

Ferdinand Wolf admet, lui aussi, que l'auteur du poème tend à se rapprocher du vers alexandrin, mais il lui semble que le septénaire trochaïque, forme nationale autochtone, y occupe une place dominante. Ce même septénaire serait, suivant lui, la base des vers appelés « rendodillos »[2] : telle est la confusion. Néanmoins, cette manière de voir fut acceptée par Duran et a cours encore aujourd'hui.

Il nous importe de connaître l'opinion de Diez sur ce

---

[1] Coleccion de poesias castellañas anteriores al siglo XV, I, p. 115.
[2] Wiener Jahrbücher, CXVII, p. 03; s.

point. Or, il dit¹, que la tendance à imiter l'alexandrin n'est que trop manifeste dans le Poema del Cid, quoique l'auteur, encore peu expérimenté dans l'art rythmique, ne garde pas toujours le nombre de syllabes prescrit. D'après Diez, seul le Poema del Alejandro est à *sillabas contadas*, mais il ajoute qu'on y trouve encore des vers avec deux syllabes de plus qu'il n'en fallait à la césure :

> conosco bien grammática | se bien toda natura,

ou même à la césure et à la fin du vers à la fois :

> en fer a dios servicio | metia toda femencia.

Le célèbre savant a fait erreur car les deux vers sont bien réguliers, seulement il faut compter leurs syllabes d'après la règle française, c'est-à-dire jusqu'à la dernière syllabe accentuée. Comme les mots de la langue espagnole sont oxytons, paroxytons ou proparoxytons, on peut y trouver des vers avec une ou deux syllabes de plus dans chaque pause, de sorte que l'alexandrin espagnol peut compter 6-6 syllabes :

> Mandol luego prendér | e fizolo-enforzár...

ou 7-6 :

> Debe de lo que sabe | ome largo seér...

ou 7-7 :

> Mester es sen peccado | ca est de derecía,
> Fablar curso rimado | per la quaderna vía.

ou 8-7, 8-8, comme ceux qu'à cités Diez. Non seulement donc on imitait le vers alexandrin dans la première période de la littérature espagnole, mais on le construisait d'après la règle française, ce qui est tout différent. Nous pouvons en conclure que la même règle y était suivie dans tous les autres vers et nous arrivons

¹ Altromanische Sprachdenkmale, p. 107.

ainsi à un criterium de la mesure des vers espagnols qui nous faisait complètement défaut jusqu'à présent.

La remarque de Diez touchant la défectuosité de l'art rythmique espagnol dans cette première période est très juste, d'ailleurs. Les poètes, je ne dis pas tous, éprouvaient de la difficulté à trouver le juste nombre de syllabes et à garder la césure. Tantôt ils effectuaient l'élision et la synérèse, tantôt ils admettaient l'hiatus, irrégularité bien souvent embarrassante.

L'alexandrin reste la forme caractéristique, quoique non unique, de cette période. Le vers octosyllabique se trouve employé dans la Vida de Santa Maria Egipciaca et dans Lo libre de los tres Reys d'Orient [1] :

>A Jesu Christo que era nado
>Una estella los guiando
>Et de la grande maravilla
>Que les avino en la villa
>Do Crodes era el traidor
>Enemigo del Criador...

Ces quelques vers nous révèlent la forme à laquelle l'auteur paraît avoir visé, mais qu'il n'a pourtant atteinte que rarement.

Une chose qui étonne, c'est l'absence de décasyllabe. Il s'en trouve, il est vrai, dans l'Arcipreste de Hita, mais avec une rime à la césure [2] :

>Quiero seguir   a ti flor de las flores
>Siempre decir   cantar a tus loores
>Non me partir
>De te servir   mejor de las mejores.

La rime fut introduite encore dans l'alexandrin par Rabbi Don Santob :

>Comunalmente trobado   de glosas moralmente,
>De la filosofia sacado   seguns que va siguiente...

---

[1] Revista de Madrid, IV, p. 302.
[2] Böhl de Faber : Floresta de rimas antiguas castellanas, I, n° 1.

Les vers heptasyllabiques deviennent de plus en plus fréquents durant le quinzième siècle [1].

> Del mundo salud e vida
> De muerte destraimiento
> De gracia llena e cumplida
> De cuitados salvamiento

tels sont les vers qu'on y peut distinguer à l'aide du critérium que nous venons d'établir.

La seconde époque de la littérature espagnole est caractérisée non seulement par l'introduction des formes de la poésie italienne de l'hendécasyllabe, de la terzine, de la stance, du sonnet et de la canzone, mais surtout par l'application de la règle italienne, d'après laquelle on mesurait dès lors les vers espagnols. On ne comptait donc plus les syllabes d'un vers jusqu'à la dernière accentuée, mais la dernière accentuée devint désormais l'avant dernière syllabe du vers, qui peut être piano, tronco ou sdrucciuolo tout comme les vers italiens. L'hendécasyllabe, le vers dominant de cette période peut donc contenir dix, onze ou douze syllabes. On trouve dans les canciones à côté de l'hendécasyllabe, l'heptasyllabe et des vers brisés de différentes formes. L'octosyllabe prévaut, d'après la règle italienne, dans les romances. L'alexandrin est presque complètement abandonné, et ce n'est que dans Francisco d'Ocaña, qu'on en trouve une faible application : [2]

> Caminad esposa   virgen singular
> Que los gallos cantan   cerca esta el lugar.

L'alexandrin pouvait donc, d'après la règle italienne, compter au moins dix syllabes :

> Alla muy bien   podreis reposar

au plus quatorze. Ajoutons encore que bien souvent on

---

[1] Pero Lopez de Ayala, Floresta, I, n° 2.
[2] Floresta, I, 19.

ne peut déterminer un vers que par l'époque à laquelle il appartient, parce qu'un heptasyllabe, d'après la règle française, est tout à fait conforme à l'octosyllabe d'après la règle italienne.

Entre ces deux époques il y a encore au quinzième siècle un espace intermédiaire à constater. Il est caractérisé par l'application de l'hendécasyllabe, mais construit d'après la règle française. Un des plus anciens exemples nous en est offert dans la « *la dança general de los muertos* », dont voici la première strophe :

> Yo soy la muerte cierta à todas cri_aturas
> Que son y seran en el mundo durante :
> Demando y digo o_omne porque curas
> De vida tan breve en punto passante ?
> Pues non ay tan fuerte nin resio gigante
> Que deste mi arco se puede_emparar !
> Conviene que mueras quando voy tirar
> Con esta mi frecha cruel transpassante.

Excepté le premier vers, où la contraction *i_a* est un peu accentuée, tous les autres vers sont réguliers comme hendécasyllabes à la française, ce qui serait le contraire si on les considérait comme des alexandrins ou des hendécasyllabes à l'italienne. Ticknor les compare vaguement une fois aux octosyllabes, une autre fois aux vers de arte mayor qui pour lui sont des vers longs qui se ressemblent dans toutes les épopées.[1] Le même vers que dans « *La danza* » nous semble employé aussi dans la *Comedieta de Ponza*, dans la *Revalacion d'un hermitano*, dans *las Trescientas*, et encore au XVI° siècle dans Cristobal de Castillejo, l'adversaire de l'école italienne.[2] On est quelquefois tenté de les considérer comme des alexandrins composés d'après la règle italienne, mais plusieurs raisons s'y opposent. Ce ne sont pas des alexandrins, parce qu'ils sont employés dans des stances, tandis que l'alexandrin espagnol forme presque toujours

---

[1] I, p. 306, II, p. 703, de la traduction allemande, rev. par Fn. Wolf.
[2] Biblioteca, XXXII, p. 115.

des strophes de quatre vers ; ce ne sont pas des alexandrins, en raison même de leur irrégularité ; mais ce ne sont pas non plus des hendécasyllabes d'après la règle italienne, parce que cette règle ne fut introduite qu'au seizième siècle et parce qu'ils n'obéissent pas à cette règle.

Nous nous sommes efforcé de soumettre la versification espagnole à un rapprochement historique avec les autres systèmes de vers romans, au lieu de la tirer avec F. Wolf d'une poésie populaire hypothétique, ou de lui attribuer une origine purement latine avec Amador de los Rios. Certes l'amour-propre national est flatté par ces mirages d'une indépendance de son art, mais la vérité historique n'y gagne rien. La littérature espagnole est assez belle et assez riche d'ailleurs pour négliger ces petits moyens.

Après avoir éclairci le rapport entre les vers dans les différentes littératures romanes d'un côté et le rapport entre la versification romane et la versification latine de l'autre, nous pourrions être tenté d'aborder le problème qui s'y rattache immédiatement, celui d'élucider la provenance des formes de la lyrique romane, de la chanson (canzone), de la pastourelle, de la ballade, du rondeau. Si l'on accepte les opinions qui ont cours aujourd'hui ce problème est résolu depuis longtemps ; ces formes proviennent tout simplement de la poésie populaire. Quelque commode qu'elle soit, cette explication n'est nullement satisfaisante.

Appuyé sur les principes que nous suivons ici et conformément aux explications déjà données, nous pouvons supposer à priori, que les formes lyriques romanes doivent être en relation avec les formes de la lyrique latine. A l'époque la plus rapprochée de la création de la lyrique romane la lyrique latine contenait deux affluents, dont un venait de source latine, l'autre de source byzantine. Les formes d'origine latine se caractérisaient par une structure homomorphique : les strophes étaient égales, et il en était de même des vers dans les strophes. Les strophes étaient accompagnées assez souvent d'un refrain, placé à la fin de chaque strophe, comme dans le *Pervigilium Veneris*, dans une églogue de Virgile, dans quelques pièces de Martianus Capella, dans une pièce de Raban Maur, quoiqu'il pût la précéder, comme dans la pièce connue de Saint-Augustin. Les formes d'origine byzantine étaient de structure métabolique.

Nous savons déjà que dans les séquences les vers n'étaient pas égaux, que d'abord ce n'étaient pas des vers mais des cola. Nous savons aussi que les strophes n'y étaient égales que par paires, mais que plus tard les strophes aussi bien que les cola furent ramenées à une structure homogène. Les pièces de cette provenance ne possédaient pas de refrain mais débutaient par un prooemium avec un ephymnion à leur fin, quelquefois seulement elles ne possédaient que l'un des deux.

Munis de ces règles générales, abordons maintenant la lyrique romane. Existe-t-il des pièces contenant dans les strophes des vers inégaux ? Évidemment oui, puisque les chansons et surtout les canzone italiennes se caractérisent par la structure métabolique de leurs strophes. Voici la strophe d'une des chansons de Crestien de Troies :

7,5,7,5,7,7,7,7.

C'est déjà un indice et puisque la chose est connue, les exemples nous sont peu nécessaires. Mais y a-t-il des pièces avec un prooemium, ou avec un posthymnion ? Oui, car voici la canzone de Rinaldo d'Aquino, qui se compose de quatre strophes égales :

(7,7,7,7,7,7,11,7,7,11)×4

avec une strophe additionnelle de :

11,11,7,7,7,7,11,7,7,7,7,11,11.

Il y a plus : nous trouvons dans le recueil de Nanucci[1]

[1] I, 98.

une canzone du même auteur composée de strophes égales par paires :

(7,7,3)×2—(6,6,6,6,4)×2—(7,7,3)×2—(6,6,6,6,4)×2
(7,7,4)×2—(6,6,6,6,4)×2—(7,7,3)×2—(6,6,6,6,4)×2.

Ceci est convaincant, car cette structure reproduit exactement les formes des séquences en mi-voie de transformation. Ceux qui adoptaient déjà l'égalité des strophes conservaient le souvenir de la structure originaire en liant les strophes en paires par des rimes égales, comme on le voit dans Guillaume de Poitiers et chez d'autres encore.

Donnons pour exemple l'ordre des rimes dans la chanson : « Ben voill que sapchon li pluzor » de Guillaume de Poitiers :

(a a a a b a b) × 2
(c c c c b c b) × 2
(d d d d b d b) × 2
(f f f f b f b) × 2
(fa fa fa) × 1

Nous avons vu que la forme employée de préférence dans les séquences latines transformées était une strophe issue du septénaire, or la strophe suivante de Bernart de Ventadour a la même origine :

Estat ai cum hom esperdutz   8.
Per amor un lonc estatge.   7.
Mas era'm sui reconegutz.   8.
Qu'ieu avia fait follatge.   7.
C'a totz era ades salvatge   7.
Car m'era de chan recrezutz   8.
Et on ieu plus estera mutz   8.
Plus feira de mon damnatge   7.

Dans la belle chanson : *Quan la douss aura venta*, le même troubadour a employé une strophe semblable (6,6,6,6,6,6,6,6) à celle dont s'est servi Abélard dans une de ses séquences : (6,6,6,6,6). Des trouvères, comme Marcabrun[1] ou Raimbaut d'Orange[2], eux aussi, coupaient le vers octosyllabique par la rime pour en former

[1,2] Mahn, I, p. 52, 79.

une strophe dérivée :

>D'aiso lau Dieu 4.
>E santz Andrieu 4.
>Qu'om non es de maior albir, 8.
>Qu'ieu suy, so'm cug 4.
>E non fas brug 4.
>E volrai vos lo perque dir. 8.

On en use de même avec le décasyllabe, pour en construire des strophes : 4,6,4,6,10, comme B. de Ventadour,[1] ou 4,6,4,6,4,6,4,6—4 comme Marcabrun[2]. L'Arcipreste de Hita les suit de près. Ajoutons encore le schème de la chanson la plus connue du roi Richard : (10,10,10,10,10,6)×6 avec un envoi de 10,10,6,10,6. L'envoi correspond ici, comme dans bien d'autres chansons à l'ephymnion, il en est sorti par l'entremise d'une invocation directe au saint dans l'ephymnion de quelques séquences. Au lieu d'un envoi nous trouvons une tornada impersonnelle, ou un ritornello qui semblent avoir la même origine.

On remarquera encore, que plusieurs poètes italiens du treizième siècle persistaient à imiter dans leurs chansons la forme originaire des séquences plutôt que la forme nouvelle, tandis que les poètes provençaux et français avaient pris pour modèles les séquences transformées. Il y a donc dans la canzone italienne une certaine indépendance de la chanson provençale et française, à en juger d'après les documents que nous connaissons. Des formes semblables à celle de Rinaldo d'Aquino se trouvent dans Federigo II. Pier delle Vigne, Pugliesi, Semprebene.[3] Voici la structure bien remarquable d'une canzone, attribuée à Bonagiunta Urbiciani.[4]

```
11,11,11 ; 11,11,11 ; — 7,7,7,11 ; 7,7,7,11 ; — 11,11,11 —
              7,7,7,11 ; 7,7,7,11 ; — 11,7,7,11 —
              7,7,7,11 ; 7,7,7,11 ; — 11,11,11 —
```

[1,2] Mahn, I, p. 41, 60.
[3] Cfr. Nanucci.
[4] Nanucci, p. I, p. 148.

Après avoir mis en tête un prohymnion de six vers en deux groupes, le poète italien compose sa chanson de trois strophes égales, chacune consistant en deux groupes de quatre vers, ce qui lui permet de maintenir la règle du parallélisme; mais en ajoutant à chacune d'elles un ephymnion particulier, il leur donne un caractère individuel, et les rapproche des strophes des odes byzantines qu'il paraît avoir connues.

Les pastourelles sont en général d'une forme presque identique à celle des chansons. Leurs strophes sont composées de vers métaboliques : [1]

$$7,7, \; 7,7, \; 5,5, \; 1, \; 7, \; 5, \; 7,7$$

ou :

$$6,6, \; 6,6, \; 6,6, \; 6,8, \; 8,6$$

quelquefois même on y rencontre une structure consistant dans un certain parallélisme des vers sans égalité des strophes : [2]

$$7,7-7,7-1,1-8,8,8-5,5 \quad 5,5-8,8-7,7.$$

Il semble donc que les pastourelles, quant à leur forme, proviennent aussi des séquences.

Passons maintenant aux ballades et aux danses. Ici sans doute, on pourrait plus facilement admettre une création populaire, mais voici la structure d'une ballade dans Guido Cavalcanti : [3]

$$11,7,7,7,7,7,-(11,11,11,11,11,7,7,7,7,7,) \times 4$$

c'est-à-dire un prooemion et quatre strophes de chansons ou de séquences. Gianni Alfani nous donne une *danza* d'une forme qui prouve plus clairement encore son origine puisqu'elle possède en même temps un prooemion et un ephymnion : [4]

$$11,7,7,11-(11,7,11,11,7,11,11,7,7,11)\times 3-11,7,7,11.$$

---

[1] Bartsch, Romanzen und Pastourellen, I, 37; II, 40.
[2] Id., ibid., l. c., p. 25.
[3] Nannucci, vid. Guido Cavalcanti.
[4] Nannucci, p. 304 s.

La ballatteta du même auteur n'en diffère que par une forme plus restreinte :

7,11,11—(11,11,11,11,7,7,11)×3.

Raynouard nous donne une ballade composée d'une avant-strophe et de quatre strophes égales : [1]

10,10,10,4,10,4,10,10,4—(10,4,10,4,10,10,4)×4.

Nous indiquerons encore les « *Dansas de nostra Dona* » danses en l'honneur de Notre-Dame, dont les « *Monuments* » [2] contiennent plusieurs exemples. Elles présentent la forme typique des séquences transformées :

7,7,7,7—(7,7,7,7,7,7,7,)×3—7,7,7,7.

Il y avait non seulement des danses pieuses, mais aussi des chansons et des sirventes, à la mère de Dieu,[3] et cette liaison étroite entre la poésie religieuse et la poésie mondaine s'éclaircit surtout par leur origine, que nous exposons ici.

Les exemples ne nous sont plus nécessaires pour apprendre où il faut chercher l'origine d'une grande partie des formes de la lyrique romane. Les trouvères étaient des poètes de séquences romanes ou de tropes. Nous pouvons ici appeler à notre aide l'étymologie ingénieuse proposée par M. Gaston Paris pour le mot « trouver », qu'il dérive de *tropare*. Cette étymologie nous rappelle les τροπάρια byzantins, dont l'influence a dûs être considérable en Occident, puisqu'ils ont donné son nom à la classe de poètes la plus célèbre au moyen âge, qui n'étaient des trouvères, que parce qu'ils imitaient les troparia.

Si nous admettons que les vers métaboliques, les vers brisés indiquent toujours l'origine byzantine de la strophe où ils figurent, les « lais » devraient nécessaire-

---

[1] Choix, II, p. 242.
[2] Monum., 1849, p. 187, s.
[3] L. c. . Mayres de Dieu, verges pura.

ment y trouver place. Ils possèdent quelquefois non seulement des vers métaboliques mais des strophes inégales, ce qui les rapproche des tropes. Une affinité très étroite entre les séquences et les lais a été déjà admise et constatée par Ferd. Wolf dans son livre sur ce sujet, de sorte que le doute n'est pas permis. Mais en abandonnant l'étymologie « *lais-laoid* » du savant allemand, aussi arbitraire que ses idées sur l'origine des littératures européennes, ne pourrions-nous rapprocher le *lais* de la *laisse* dans les chansons de geste ? Les deux mots nous paraissent un doublet en deux genres, analogue à bien d'autres, et le sens, celui d'un faisceau de vers.

L'origine du second type dans la lyrique romane a été indiquée déjà plus haut. Il est représenté surtout par les charmantes romances françaises, dont les vers et les strophes sont homogènes, et accompagnées d'un refrain.

Nous ne serions pas étonné de rencontrer parfois un entrecroisement de ces deux types provenant de deux sources différentes, surtout dans l'emploi du refrain et de la tornade. La prédilection latine pour les formes régulières s'accuse ici une fois de plus, parce que nous trouvons beaucoup de chansons et de pastourelles soumises à la forme du second type, à l'homogénéité des vers. Les exemples de chansons ainsi régularisées sont très nombreux ; quant aux pastourelles, en voici un schème, le premier qui se présente à nous :[2]

$$(10,10,10,10,10,10,10,10) \times 8 - 10,10,10,10.$$

et encore celui d'un sirvente

$$(10,10,10,10,10,10,10) \times 5 - 10,10,10,10.$$

On donnait même assez souvent aux chansons et autres formes semblables un refrain qui ne leur appartenait pas originairement.

Après avoir reconnu les deux types qui dominent

---

[1] Scheler, Trouvères belges, 1819, p. 20, 30, 36, 39, 43.
[2] Monuments de la littérature romane 1849, p. 73, 89, 171.

toutes les formes de la lyrique romane, nous ajouterons quelques observations et quelques renseignements ultérieurs. Le premier type, représenté par la chanson, sa forme principale, est le plus fécond ; il a donné naissance en premier lieu à la pastourelle, qui ne différait de la chanson que par son sujet un peu plus populaire et d'une allure plus gaie et même plus légère, sans toutefois toucher ni au commun ni au grossier : « *ses dire villat o desonestat* » selon l'avertissement de Molinier. Elle s'en séparait encore par une mélodie plus vive, un peu dansante même. « *Pastorela requier tostemps noel so e plazen e gay, no pero la lonc* (lent) *cum vers o chansos, ans deu haver so un petit cursori e viacer.* » De la pastourelle sortirent des sous-genres nombreux et de plus en plus populaires, des chansons de pâtres, de vachers, de chevriers, de gardeurs de porcs, d'oies, de chansons de jardiniers, de nonnes : « *E daquesta pagela son vaquieras, vergieras, porquieras, auquieras, cabrieras, ortalanas, monjas et en ayssi de las autras lors semblans.*

L'air vif et sautant de la pastourelle nous conduit à la ballade. De la ressemblance de sa forme à celle de la chanson nous avons conclu à une affinité qui est directement attestée par A. da Tempo : « *largo enim modo suscepto vocabulo cuiuscumque generis ballatae possunt appellari et vulgariter appellantur cantiones.* » Les danses de leur côté s'éloignaient peu de la forme de la ballade : « *Item alq fan bals a la maniera de dansa amb un respos et am motas coblas.* » Toutes les différences que Molinier dit exister entre le *bals* et la *dansa*, comme entre toutes les autres formes lyriques (il ne parle pas de la romance) ne se rapportent qu'au nombre des couplets et au genre de la mélodie qui était tantôt plus lente, tantôt plus alerte. Quant à l'air des ballades il remarque qu'il était plus vif « *e mays aple per cantar amb esturmens que dansa.* »

Toute ballade possédait « *un respos e la tornada.* »

C'étaient deux strophes additionnelles, différentes des strophes principales, mais égales entre elles-mêmes, dont une ouvrait le chant et l'autre le suivait, conformément au prooemion et à l'éphymnion des séquences grecques et latines. On exposera plus loin la cause qui avait fait donner le nom de réponse à la strophe qui servait de début.

Nous avons remarqué que la tornada et la réponse étaient de formes égales. « E' la tornada deu esser semblans al respos, » dit Molinier en enseignant, « que la dansa en lo respos deu aver III bordos e V al may, al qual respost es la tornada semblans. » Ces trois vers obligatoires et les plus usités dans la tornada méritent notre attention surtout quand nous saurons, que tous ces genres de compositions pouvaient manquer de réponses. On y donnait alors deux tornadas égales. L'une d'elles formait l'envoi où l'auteur pouvait s'adresser directement à la personne à laquelle la pièce était destinée. Dans l'autre il avait le droit de parler de lui-même; cependant les auteurs étaient libres de leur donner le sens qu'ils voulaient, ne laissant de permanent que les deux strophes égales à trois vers chacune. C'était une sorte de pseudomorphose, comme on en connaît en minéralogie, où les formes cristallines persistent tout en se chargeant d'une substance nouvelle. Supposons maintenant une chanson composée de deux strophes à quatre vers, ajoutons-y les deux envois à trois vers, et nous avons alors la forme célèbre du sonnet italien.

L'ancienne lyrique italienne possédait, on le sait, des compositions dont le corps ne consistait que de deux strophes avec une réponse et une tornada; nous y reconnaissons encore le type de la ballade, et nous sommes disposés à admettre une étroite parenté entre cette dernière et le sonnet, à dire même que le sonnet n'est qu'une ballade intervertie. Nous allons éclaircir la question en rapportant un passage d'Antonio da Tempo très instructif sur la manière d'exécuter les anciens chants lyriques italiens, la même dont se servaient sans doute les Provençaux et les Français.

Secundum sciendum est, quod ballata quaelibet dividitur in quatuor partes, scilicet quia prima pars est repilogatio, quae vulgariter appellatur ripresa, quod idem est dicere quam repilogatio, sive repetitio. C'est la « respos » de Molinier. *Secunda pars appellatur prima mutatio, tertia pars secunda mutatio. Et appellantur mutationes eo quod sonus incipit mutari in prima mutatione et secunda mutatio est ejusdem toni et cantus, cujus est prima. Vulgariter tamen appellantur pedes.* C'étaient les deux strophes principales, et il est remarquable qu'on leur donne le nom de pieds comme dans les sonnets. » *Quarta et ultima pars appellatur volta, quae habet eandem sonoritatem in cantu, quam habet repilogatio sive ripresa.* » C'était la tornada ou l'envoi. Les Italiens l'appelaient *volta*, par conséquent les deux voltes dans les sonnets ne sont autre chose que deux envois. *Finito cantu alterius voltae vel omnium verborum alicuius ballatae cantores reasumunt et repilogant ac repetunt primam partem in cantu et ipsam iterate canunt.*

Un exemple schématique nous fera mieux comprendre la description précédente :

repilogatio, ou ripresa; quatre vers.	nombre de syllabes	11,	11,	7,	11.
	rimes............	a,	b,	b,	a.
prima mutatio, le premier pied ou la première strophe; trois vers.	nombre de syllabes	11,	7,	11.	
	rimes............	c,	d,	c.	
secunda mutatio ou le second pied; trois vers.	nombre de syllabes	11,	7,	11.	
	rimes............	c,	d,	c.	
volta, tornada, ou l'envoi; quatre vers.	nombre de syllabes	11,	11,	7,	11.
	rimes............	a,	b,	b,	a.

On chantait donc la ripresa sur une mélodie donnée, puis les deux strophes sur une mélodie égale, mais différente de la première ; l'envoi était chanté sur l'air de la réponse, et pour augmenter l'agrément on répétait la ripresa, ce qui explique son nom italien. Elle s'appelait *réponse* en provençal, parce qu'elle répondait à l'envoi. Chaque ballade avait donc deux mélodies : l'une chantée deux fois et l'autre trois.

Revenons au sonnet. On sait qu'il consiste en deux strophes de quatre vers et de deux autres à trois vers. On donne aux deux premières le nom de pieds, et celui de voltes aux deux autres. Tous ces éléments figurent dans le schème que nous avons reproduit, et il ne faut que changer les voltes en strophes et les strophes en voltes. Il a été d'autant plus facile de procéder à ce changement que d'après la règle générale les voltes devaient être plus courtes que les strophes. Telles sont les raisons qui nous portent à envisager le sonnet comme une chanson composée de deux strophes et de deux envois, et à le relier à la ballade. Les vers métaboliques ne sont pas une objection car beaucoup de sonnets italiens sont construits en vers hétéromorphiques et courts. Tant qu'on a chanté le sonnet, on a dû le faire d'une manière semblable à celle de la ballade.

La question du rondeau français, genre de composition créé par un sentiment artistique très délicat, et qui compte des productions charmantes, est peut-être plus difficile à aborder. Procède-t-il aussi du type de la séquence ? C'est ce que nous allons tâcher d'élucider. Voici la facture d'un des plus anciens, qui date du XIIIe siècle et qui a pour auteur Guillaume d'Amiens ; il nous aplanira la difficulté.[1]

$$\text{reprise} \begin{cases} 7a \\ 3ac \end{cases}$$

$$\text{strophe} \begin{cases} 7a \\ 7a \\ 7a \\ 3ac \end{cases}$$

$$\text{envoi} \begin{cases} 7a \\ 3ac \end{cases}$$

[1] P. Heyse, Romanische Inedita, 1856, p. 51.

Cette facture démontre clairement l'affinité du rondeau avec le type dominant. Il faut pourtant remarquer, que la reprise est identique dans les paroles à l'envoi. Cette différence s'explique par le progrès de l'art, car c'en était un que de répéter des petites strophes identiques au commencement et à la fin de la pièce, en lui donnant par ce procédé une belle unité de sentiment, et une forte couleur artistique.

La liberté de composition dans les rondeaux étant très grande, le progrès ne s'arrêta pas là. On faisait consister la pièce en trois strophes, en donnant à la reprise un seul vers qu'on plaçait au début de chaque strophe à laquelle il était étroitement lié par le sens : « *concordans cum intellectu et verbis atque sententia praecedentibus et sequentibus* ». A. da Tempo en donne l'exemple suivant :

Mille mercedi quiero
Al mio signor ognora
I pur lo trovo fiero.

Mille mercedi quiero
Ed ogni mio pensiero
Come suo dio l'adora,
Suo modo e tutto altiero.

Mille mercedi quiero
Ma tanto di lui spero
Quanto mio ben lavora.

Le même auteur enseigne : « *Dicitur autem rotundellus, quia totus est uniformis sicut rotunditas. Nam sicut est facta prima pars in rithmis et cantu ita et omnes aliae. Et sic cantatur una pars quemadmodum et alia. Et non diversificant sonum. Et primus versus primae partis semper repilogatur in cantu...* ». Il veut dire que dans le rondeau il n'y avait pas deux différentes mélodies, comme dans la ballade ou le sonnet, mais qu'il y en avait une seule qui, dans l'exemple que nous donnons, était répétée trois fois. La première strophe contenant trois vers, la mélodie a dû avoir trois membres ou phrases musicales, et comme la seconde strophe comptait un vers de plus, on chantait ses deux premiers vers sur la première phrase de la mélodie. Tels étaient le mode d'exécution du rondeau et l'origine de son nom.

L'auteur italien en cherche encore une autre cause en disant : « *Possunt etiam appellari rotundelli quia plerumque cantantur in rotunditate chorheae sive balli et maxime per ultramontanos qui valde utuntur rotundellis septenariis.* » D'après ce témoignage, c'était en France que le rondeau était le plus en vogue; il appartenait au genre de la ballade, qu'on distinguait en « *ballatae magnae, mediae, minores* et *minimae*. » Les dernières ne comptaient que sept ou huit vers; mesure que les rondels les plus développés ne dépassaient que fort peu.

Un procédé opposé à celui dont les rondeaux nous offrent l'exemple, et par cela même analogue, se trouve employé dans les *aubades*, les *albas* provençales. Elles aussi n'ont qu'une tornada qui, cependant, n'est pas placée au commencement, mais à la fin de chaque strophe dont elle fait partie intégrante :

> Reis glorios, verais lums e clartatz,
> Deus poderos, senher, si a vos platz
> Al meu companh sias fizels ajuda
> Qu'eu non lo vi pos la noitz fon venguda
> *Et ades sera l'alba.*
>
> Bel companho, si dormetz o velhatz,
> Non dormatz plus, suau vos ressidatz,
> Qu'en orient vei l'estela creguda
> Qu'amena'l jorn, qu'eu l'ai ben conoguda,
> *Et ades sera l'alba*[1].

Une des plus anciennes aubades françaises[2] présente la facture suivante : (5, 4, 6; — 5, 4, 6.) — 7, 4, 6; 7, 6. Elle appartient donc au type de la chanson-séquence. Comme on le sait, les séquences étaient principalement cultivées dans les cloîtres, où la règle obligeait aux offi-

---

[1] Guiraut de Borneil, dans Bartsch, 99.
[2] Leroux de Lincy, Recueil de chants historiques, I, 130.

ces des heures canoniales, des matines, des vêpres ; on ne trouvera donc pas extravagant d'entrevoir quelque analogie entre les matines et les aubades, entre les vêpres et les sérénades, entre les saluts de l'église et ceux de la lyrique romane. La source de la poésie antique résidait dans la poésie religieuse, et chose étrange, qui nous révèle une profonde loi psychologique, le même phénomène se répète au moyen âge, comme si l'humanité y commençait une vie nouvelle. Devons-nous en conclure que le sentiment religieux forme le fond de l'âme humaine, et qu'il est la source la plus féconde de l'art ?

Parmi les compositions du premier type, on en rencontre quelquefois de fort singulières. Elles se distinguent par l'absence du sens logique. La pensée y agit par bonds, poussée par le seul souci de la rime, qui doit relier d'une consonance égale trois par trois vers :

7 7 7 ; 7 7 7 ; 7 7 7...
a,a,a ; b,b,b ; c,c,c...

ou quelquefois a, a, a, b ; b b b c ; c, c, c, d ; d, d, d, e... Ce sont les *motets*, qu'on appelait aussi « *frotole.* » « *Quidam tamen istos motos confectos vulgariter appellant frotole* ». Nous rapprocherons de ce fait un autre, non moins singulier, qui occupe aussi une place dans l'art musical du moyen âge. Les motets appartenaient non seulement à la poésie, mais aussi à la musique, d'où ils nous semblent être originairement sortis. C'était un genre de chant polyphone, à deux, trois ou quatre voix. La première voix disait la mélodie et le texte principal, la seconde disait une autre mélodie connue, avec un texte entièrement autre, la troisième ajoutait un troisième air avec ses paroles à lui. L'art du compositeur consistait dans l'arrangement de ces diverses voix dans un ensemble. On sait d'ailleurs que l'oreille du moyen âge, très fine en fait de mélodies, n'était pas difficile à satisfaire au point de vue harmonique, car elle se laissait charmer par des suites ininterrompues de quintes et de quartes, que nous trouvons détestables. Quelle qu'en fût l'harmonie, le chant simultané de trois chansons diverses n'a pu produire qu'un effet bigarré. Néanmoins, un souvenir de ce procédé vit dans les motets de notre époque. La première voix y commence seule le chant, et quand elle est arrivée à la seconde phrase du texte et de la mélodie la seconde voix attaque la première phrase, de sorte qu'à l'entrée de la troisième voix la première est à la troisième phrase, la seconde à la seconde et la troisième à la première phrase du texte et de la mélodie. Les voix courent l'une après l'autre par toute la pièce formant un ensemble plein de mouvement et d'agitation d'un caractère très moderne. En revenant aux motets du moyen âge, si nous imaginons qu'il vint à l'idée d'un des chanteurs de faire une strophe de tous les premiers vers des trois chansons dites ensemble, d'agir de même avec les trois seconds vers et ainsi de suite, nous nous approchons de la frotola. Tout en rapportant ces faits curieux en eux-mêmes, nous ne regardons pas cette explication comme concluante, surtout parce que l'occasion d'étudier les frotole de près nous a manquée.

Nous croyons avoir épuisé les principales dérivations du premier type, il nous reste à ajouter quelques mots sur le second. Il ne contient qu'une seule forme, mais qui dépasse en beauté toutes les autres. La romance consiste en strophes de trois, quatre ou cinq vers homomorphiques, qui sont toujours des décasyllabes ou des alexandrins. Jamais il n'y entre d'autres vers, jamais de vers brisés, à ce que nous savons, si ce n'est dans le refrain. Celui-ci peut contenir un, deux, trois vers, et nous connaissons des romances modernes qui comptent jusqu'à cinq alexandrins dans le refrain.

L'exemple de l'aubade, que nous avons donné plus haut, se rapproche tellement d'une romance, qu'on pourrait être tenté de penser à une affinité entre ces deux genres. Mais c'est un exemple exceptionnel, toutes les autres s'en éloignent par leurs vers courts et hétéromorphiques. L'envoi de l'aubade entre étroitement dans la facture de la strophe, sa mélodie ne peut être que la dernière phrase de la mélodie de la strophe, tandis que le refrain forme un petit ensemble à part, séparé comme il l'est dans les paroles, dans la forme de ses vers, dans sa mélodie. La strophe de la romance nous raconte un fait personnel, le refrain porte ce fait à la pensée générale, au sentiment de l'humanité ou de la nature entière. La strophe cherche à nous intéresser au fait qu'elle raconte, le refrain s'empare de notre sympathie, de notre consentement, il fait battre notre cœur, nous unit dans un chœur sonore, puissant. Sa destination est d'être chanté en chœur.

Le plus ancien exemple du refrain se trouve, croyons-nous, dans Eschyle, qui fait répéter quelquefois à une certaine distance, par le chœur entier, la même pensée dans les mêmes paroles :

« *Malheur, malheur, quel lit de repos, où la hache à double tranchant l'a frappé dans un bain sanglant, comme si tu étais esclave* ».

Mais les Grecs ont négligé de lui donner cette forme précise qu'il a reçue chez les Romains. Le dernier exemple que nous en avons rapporté plus haut était de Raban Maure, composé à l'époque où les séquences commençaient à peine à être connues dans l'Europe occidentale et qu'alors elles gardaient entière leur forme primitive. Toutes ces raisons nous portent à considérer la romance avec son refrain obligatoire comme un type à part et de caractère roman, ce qui nous semble confirmé par son nom même de *romance*.

La richesse des formes que nous avons passée en revue est admirable. Si l'on y ajoute les drames liturgiques avec leurs chœurs, les épopées avec leurs laisses, les nombreux romans, les fabliaux, les poèmes didactiques, si l'on contemple dans la perspective de leurs puissantes voûtes ces imposantes cathédrales romanes et ogivales, en écoutant les échos des chants liturgiques qui y retentissent, on reste confondu de la prodigieuse force créatrice de ces temps. Ne considérant que la poésie nous ne nierons pas qu'elle n'ait tourné bientôt au pur formalisme; mais les chansons de geste, la chanson de Roland avec son héroïsme et son amour si touchant de la patrie, les romans de la Table ronde avec ses chevaliers et leurs prouesses, le roman de Renart avec son incomparable ironie qui consolaient encore Gœthe des vicissitudes de la vie publique, la lyrique entière enfin sont autant de créations de premier ordre dans l'histoire littéraire. Leur nombre étonne et celui des productions atteste certainement l'activité littéraire d'un peuple; mais plus que le nombre c'est la création des genres nouveaux, la production des formes nouvelles qui constituent des titres supérieurs à la gloire, qui décident de l'importance historique d'une littérature. Honneur au moyen âge, au douzième et au treizième siècle, époque qui, à l'exception de l'âge d'or de la Grèce, n'a pas son égale dans l'histoire de l'Europe, honneur au génie roman à qui nous devons tant de belles formes poétiques, honneur au génie français qui s'est montré le plus créateur.

Seulement, toutes les nations modernes ont le tort d'être venues après les Grecs et les Romains, et à dire vrai, aucune des formes dont nous venons d'esquisser le tableau n'a une origine romane, car c'est toujours en Grèce qu'il faut en chercher le berceau. Les sujets ont été empruntés un peu partout, depuis l'Irlande jusqu'aux Indes. L'originalité des littératures les plus indépendantes en Europe n'est donc que relative.

D'un autre côté, il serait inadmissible de vouloir dire que la Grèce antique ait eu des romances, des chansons, des ballades; que l'Irlande ait donné naissance à des romans de chevalerie et que les Indes aient déjà possédé un roman de Renart. C'est ici le moment de constater que l'originalité littéraire des nations modernes dépend de la curiosité et de l'intérêt qu'elles portent aux œuvres de l'esprit, que cette originalité consiste dans le choix qu'on fait entre les divers sujets, dans la préférence qu'on accorde aux uns plutôt qu'aux autres, dans la manière dont on façonne, qu'on transforme et qu'on perfectionne les formes reçues ou empruntées. Il y a un développement presque naturel des sujets et des formes qui leur est inhérent, donné en germe dans les sujets et les formes originaires; il ne fallait qu'un esprit assez fin pour deviner et effectuer ce développement possible. Il en a aussi un autre qui est voulu et soumis aux principes artistiques. Mais tout : sujets, formes, principes artistiques est dominé par la manière d'envisager le monde et la vie humaine par une certaine philosophie, qui peut être naïve ou profondément étudiée, et qu'on ne peut refuser même aux produits littéraires les plus primitifs. Nous persistons à tenir les auteurs des premiers produits littéraires et artistiques pour les hommes les mieux doués de leur société et de leur époque.

La vie historique n'a pas le temps d'attendre partout le développement spontané d'une culture autochtone. La curiosité humaine étant naturellement portée vers l'étrange et l'étranger, vers l'hétérogène, un tel développement n'était possible que chez une nation isolée, dans un lieu et à une époque où rien du dehors ne l'attirait. Tel était peut-être le cas de l'ancienne Égypte. Si un peuple au moment du premier contact avec une autre nation n'a pas encore réglé ses mœurs, s'il n'est pas arrivé à une manière d'envisager le monde, s'il n'a pas une religion qui est en même temps sa science et sa philosophie, et si la nation étrangère lui est supérieure sous ces rapports, la marche du progrès autochthone s'arrêtera chez lui, il subira l'influence extérieure et son caractère ne sera plus que relativement sien. Il en a été ainsi de toutes les nations modernes de l'Europe.

Cette manière de voir nous sépare de la philosophie contemporaine de l'histoire, elle nous met aussi en désaccord avec les idées du comte Nigra, contenues dans un élégant article plein d'amour du sujet, intitulé : « *La poesia popolare italiana.* » L'auteur nous dit : « *La poesia popolare, al pari della lingua, è una creazione spontanea, essenzialmente etnica. Razza, lingua e poesia popolare sono tre forme successive della medesima idea, e seguono nella loro genesi e nel loro sviluppo un procedimento analogo* ». Les races, les langues et la poésie sont, d'après l'auteur, des créations spontanées, indépendantes de notre volonté, des produits analogues de la nature. Cette opinion, qui est celle de la science actuelle, résistera-t-elle à la critique ? C'est ce que nous allons examiner.

La pensée contemporaine cherche à établir une homogénéité parfaite entre les phénomènes historiques et les phénomènes physiques. Elle y arrive en subordonnant *a priori* les premiers aux seconds : l'histoire à la science naturelle, subordination trop précipitée à notre avis. Les phénomènes ou les faits historiques, qui ont toujours une personnalité pour source, sont soumis aux lois psychologiques, les phénomènes physiques le sont à celles de la nature. Nul doute qu'il doit y avoir une concordance parfaite entre ces deux séries de lois et il est à supposer qu'elles n'en font qu'une. Les lois physiques ont pour principe la causalité, la cause y est aveugle, l'effet involontaire, inévitable. Le trait essentiel des lois psychologiques, et partant historiques, réside dans la finalité. Chaque instant de notre existence tend vers un but que nous cherchons à atteindre. Ce but qui n'existe d'abord que dans notre pensée, et n'est qu'une représentation, une pensée lui-même, est néanmoins le seul moteur de nos actions. Nous arrivons au but final par la force de notre volonté qui nous y mène par le moyen des actions intermédiaires. Ainsi la force n'agit pas aveuglément, elle est conduite par la représentation de la fin.

Suivant l'importance de la personnalité le but est noble ou mesquin, il ne dispose que de sa propre force ou il sait commander à une nation entière et lui imposer le même but. Cette proposition peut être constatée à tout instant par tout homme réfléchi en observant chaque jour dans les sociétés humaines l'action des tendances élevées ou mauvaises, profitables ou destructives.

La causalité règne dans le monde physique, notre corps lui-même lui obéit à ces moments où la lassitude l'amène à résister à notre volonté. Le merveilleux enchaînement des causes et des effets nous a fait comprendre dans une certaine mesure la nature entière, nous a fourni les moyens de la maîtriser, de l'asservir à notre usage, à nos fins. En la maîtrisant, en l'exploitant nous nous servons de la causalité et cela seul prouve assez clairement combien sa connaissance est supérieure, mais tout en s'en servant, et n'exploitant les forces naturelles que dans un but, nous sommes nous-mêmes gouvernés par la finalité. Remarquons maintenant que nous ne connaissons la vie intérieure que d'un seul objet, qui est nous-même, et que la surface seule de tous les autres nous est accessible. Nous nous sentons, nous sentons notre existence et ce qui se passe en nous, mais nous ne connaissons pas le sentiment de la nature extérieure. N'est-il donc pas possible que le même enchaînement des faits, qui regardé de dehors apparaît comme causalité, devienne finalité, considéré du point de la vie intérieure ? Telle était probablement la pensée d'Aristote, quand il dit que le but est en même temps la cause première des choses.

Il y a plus : L'enchaînement causal n'est clair et évident que dans des groupes de phénomènes, dans des pièces de la chaîne universelle. Aussitôt qu'on embrasse l'ensemble de la nature, et qu'on énonce une loi générale on se trouve, sans le vouloir, hors de la causalité et sur le domaine de la finalité. Ainsi toutes les lois générales, comme la gravitation, l'affinité chimique, la loi de la conservation de la force, de la moindre action, toutes elles expriment une tendance, une finalité et non pas une causalité. Un des psychologues contemporains les plus autorisés, M. Wundt, partisan de la causalité et de M. Darwin, a fait preuve d'une grande perspicacité critique en déclarant que les lois naturelles établies par le célèbre naturaliste anglais sont au fond des lois finales.

Cette relation entre la causalité et la finalité persistera peut-être toujours. Les recherches causales sont indispensables, et les partisans de la causalité universelle tiennent trop obstinément à leur principe pour l'abandonner sur nos paroles, mais nous pouvons soupçonner, rien que soupçonner, qu'un jour l'identité des lois psychologiques et des lois physiques deviendra plus apparente et que le principe du microcosme, que nous connaissons intimement, se dévoilera comme le principe du macrocosme entier. En attendant nous avons le droit de nous défendre contre la tyrannie que les sciences naturelles veulent imposer aux recherches historiques.

Cet exposé métaphysique a pour but de motiver notre opposition à l'analogie énoncée par le comte Nigra entre la race, la langue et la poésie. L'origine des races appartient au domaine de la nature physique, elles sont le produit de leurs causes et nous devons nous contenter de cette explication. Il n'en est pas de même en ce qui regarde les langues qui sont du domaine historique.

La connaissance des langues est aujourd'hui assez avancée pour nous permettre d'y voir un peu plus clair. Pour entrer immédiatement en matière, appuyons-nous sur des exemples. *Tremere* désigne un mouvement du corps causé par la peur. Faut-il donc supposer qu'à l'époque de la formation des mots tout le peuple latin, ou plutôt aryen, en sentant ce mouvement, ou en le voyant, l'ait qualifié spontanément par le mot *tremere* ? Un verbe dérivé d'une autre racine n'aurait-il pu rendre le même service ? Et c'est positivement le cas, puisque presque chacune des langues aryennes désigne ce mouvement par un verbe tout à fait différent. Les racines les plus originaires sont les onomatopoétiques, noms des bruits, des mouvements. Mais les bruits, les mouvements se ressemblent, tandis que leurs noms diffèrent, comment expliquer cela ? C'est qu'aucun nom n'est absolu. En imitant les bruits par la voix, des esprits inventifs ont créé plusieurs racines acceptables, dont la signification spéciale fut déterminée par convention, comme le dit Whitney, ou peut-être par l'autorité de chefs ou de personnes renommées pour leur esprit. Nous croyons aussi que toujours une nouvelle racine a été inventée par une seule personne, puis adoptée par la masse, heureuse d'avoir à son service une expression de plus. Telle est l'histoire probable de tous les mots et de toutes les formes.

Pour expliquer ensuite la division d'une langue originairement unique en dialectes et en patois, il faut admettre d'abord une séparation locale, amenée par l'accroissement de la population, il faut admettre plusieurs cercles, chacun avec son centre particulier, où était établi le domicile du chef, ou le lieu de réunion pour les cérémonies religieuses. Il y avait dans chacune de ces localités une personnalité dominante, dont la manière divergeante de prononcer pouvait être déterminé par quelque particularité dans la structure des organes de la voix et à laquelle toute sa famille pouvait déjà participer par hérédité. Les autres membres de la tribu adoptèrent par imitation le même mode de prononcer qui se propagea ainsi aussi loin que portait l'influence du centre. Mais nous ne pouvons qu'effleurer ce sujet qui demanderait à être traité à part. Nous n'avons donné que deux exemples et nous ne prétendons nullement en déduire une règle générale ; nous croyons seulement qu'il en est de même pour tous les autres cas et qu'il faudra toujours les attribuer à une personnalité unique. Quelle que hâtée que soit cette explication, nous n'avons pu l'éviter, parce que les partisans de la spontanéité du chant populaire en appellent très souvent à cette analogie entre la naissance de la langue et celle de la poésie. Cette analogie existe, mais en notre sens et non pas au leur.

Nous avons suffisamment exposé notre opinion sur la poésie populaire, et la poésie populaire italienne ne fait que corroborer ce que nous avons dit. Ses formes ne sont que des débris de la poésie artistique, le strambotto d'une tençon, le ritornello d'une volte. « *Hae autem cantiones ut plurimum fiunt cum quadam parte inferiori, quae est minor aliis partibus et appellatur vulgariter retornellus, alii appellant ipsam voltam* », dit A. da Tempo. Le stornello paraît être le produit des chambres de rhétorique ou des cours d'amour et représente un motet ou une chanson minimale. Le comte Nigra lui même n'est pas éloigné de cet avis.

Les formes lyriques les plus populaires en France sont toujours la chanson et la romance. La chanson contemporaine se caractérise, comme celle d'autrefois, par des vers brisés et par un air vif et léger, la romance par sa strophe homomorphique, par son refrain et par une mélodie pathétique. Sortez le dimanche hors de Paris, il n'est pas rare de rencontrer le ménestrel moderne chantant une romance, avec un camarade l'accompagnant du violon, tout comme au moyen âge. Les vieilles traditions se continuent et devraient être protégées.

Nous avons tâché d'être bref, mais l'espace que nous avons parcouru, les questions que nous avons examinées ne se laissaient pas renfermer dans moins de pages. Partis des vers les plus rudes, nous sommes arrivé pas à pas aux formes brillantes du sonnet et de la romance. Nous avons cherché à tirer des accents la mélodie primitive des aèdes pour toucher à la fin aux airs sonores des chansons, des ballades et des romances qui sont tantôt d'une telle vigueur, tantôt d'une telle grâce, qu'aujourd'hui encore ils feraient une forte impression sur un public connaisseur. Ils satisfont parfaitement à la demande de Molinier qui dit : « *Vers deu aver lonc sò e pauzat e noel amb belas e melodiozas montadas e deshendudas et amb belas passadas* ». Ils ne sont pas enchaînés par l'accord de la tonique et de la dominante, comme le sont les airs modernes, ils ont un mouvement plus libre, des cadences insolites et hardies, une riche figuration. Ils ne sont d'ailleurs qu'une application du chant liturgique à des paroles mondaines, mais le chant liturgique appartient aux plus grandes créations de l'art universel. Etant fondés sur les huit modes grégoriens, qui ont été convertis sous l'influence de l'harmonisation en nos deux modes modernes, ils ont, pour ainsi dire, quatre fois plus de variété que les mélodies de nos jours.

Chaque poète liturgique, chaque trouvère était en même temps compositeur, musicien, et nous n'arriverons jamais à bien comprendre la littérature du moyen âge sans la connaissance du chant liturgique. Ne portant notre attention que sur les paroles, nous ne saisissons qu'un côté de chaque personnalité poétique, le côté musical de leur âme nous échappe entièrement. L'intérêt littéraire, qui est en même temps éminemment artistique, nous oblige donc d'étudier la musique du moyen âge.

Ce point de vue nous permet de nous occuper un moment de ce sujet. La cause en est un livre, dont l'autorité est reconnue dans tout le monde catholique, et nous regrettons de n'en avoir eu connaissance qu'au moment où nous terminions nos recherches, car il y aurait eu lieu d'en parler dans un des chapitres précédents où nous nous serions appuyé de son autorité. Mais le chant grégorien n'étant pas le sujet propre de notre essai, cette circonstance peut nous servir d'excuse de ce qu'un tel ouvrage ait échappé à notre attention. Il s'agit du livre de dom Pothier sur le chant grégorien, sa forme originaire et sa tradition historique[1]. Nous

---

[1] La traduction allemande porte le titre : *der Gregorianische Choral*, Tournay 1881.

sommes heureux de nous trouver d'accord sur plus d'un point avec le savant auteur. Son objet principal est le chant, le rythme n'y figure que d'une manière accessoire, le contraire était notre cas, et toutefois nous nous sommes souvent rencontrés en arrivant aux mêmes résultats. Dom Pothier trouve une très grande ressemblance entre le rythme du chant grégorien (dont le texte est en prose) et le rythme oratoire des Romains. Or, nous avons tâché d'éclaircir la relation entre le rythme poétique et le rythme oratoire, et nous croyons avoir clairement démontré que ce dernier a fortement contribué à la formation du rythme poétique du moyen âge. A notre avis, ce rythme transformé ne comprenait pas de pieds; par conséquent, les mesures devaient être absentes dans les mélodies liées à ces rythmes, fait confirmé par dom Pothier. Selon lui, le rythme dans les chants grégoriens ne dépend que du texte dont il suit les membres, les coupures, les phrases, et nous croyons, en jugeant d'après la structure de vers rythmiques, qu'il n'en pouvait être autrement.

Notre accord n'est pas cependant complet et le dissentiment porte sur un point capital, capital au point de vue de dom Pothier plutôt qu'au nôtre. Le chant liturgique tout entier est-il vraiment identique avec le chant grégorien, comme le veut le savant Père? C'est une question bien grave que nous n'abordons qu'avec hésitation.

La musique moderne nous est assez bien connue. Les compositions de Berlioz, de Gounod, de Wagner, qui n'aurait jamais su trouver ses remarquables motifs-ducteurs (qu'on nous passe ce mot), ses caractéristiques mélodies des maîtres-chanteurs (plutôt maîtres du puy ou maîtres rhétoriciens) sans une profonde connaissance du chant liturgique, ont pour nous un grand intérêt. Nous connaissons les œuvres des classiques modernes depuis Chopin, Schumann et Schubert, jusqu'à Beethoven, Mozart et Haydn. Les célèbres compositions pour l'orgue de J. S. Bach, ont pour nous un charme particulier, et nous avons toujours cherché l'occasion d'assister à l'exécution des grands oratorios de Handel, de Bach, de Haydn. Nous croyons sentir la grâce répandue dans les pièces de Rameau, de Couperin, de Grétry et de Lully, de Graziolli, de Matielli, de Scarlatti et de Galuppi. Nous admirons l'art avec lequel Josquin de Prés, Goudimel, Palestrina, Allegri, ont su donner une harmonisation inimitable aux chants liturgiques, tout en leur gardant leur austérité. Les chants religieux dans les langues nationales nous sont connus, aussi bien que les chants populaires de plusieurs pays de l'Europe. À force d'études, et pour les avoir entendu chanter très souvent, nous nous sommes familiarisés avec les chants liturgiques eux-mêmes, avec ceux des matines, des processions, de la messe, des vêpres et de la semaine sainte. Nous avons étudié l'antiphonaire de Saint-Gall, l'ouvrage de Gerbert : *De cantu et musica sacra*, les *Scriptores de musica* publiés par Gerbert et par Coussemaker. Nous connaissons les mélodies des drames liturgiques, celles d'Adam de la Halle, quelques-unes de Gaucelm Faidit et de plusieurs autres Trouvères et Minnesinger. Le lecteur voudra bien nous excuser de lui faire part de nos connaissances musicales, et peut-être nous taxera-t-il d'un sentiment de pédantisme bien éloigné de notre pensée, notre but étant uniquement de justifier un profane et lui donner le courage d'aborder un sujet aussi spécial.

Le savant Père identifie à plusieurs reprises le chant grégorien avec le chant liturgique proprement dit, en lui attribuant pour trait essentiel la figuration ou le groupement de plusieurs sons sur une seule syllabe. Les recherches auxquelles nous nous sommes livré et que nous venons d'exposer nous ont amené à une conclusion opposée. En examinant l'ensemble des mélodies liturgiques, nous y rencontrons deux types bien distincts. L'un est caractérisé d'abord par son texte qui n'est jamais versifié. Il est tiré à peu d'exceptions près de l'Ecriture Sainte, ce qui explique sa forme. On y voit le sentiment de répugnance professé par le pape Grégoire le Grand à l'égard des formes profanes, échos du paganisme et de la mondanité. Tout en adoptant les modes de la musique grecque, le pape organisateur a enfermé ses mélodies dans l'espace d'un tétracorde qu'elles ne dépassent jamais. Les mélodies sont en principe syllabiques, n'ayant qu'un son par syllabe, à l'exception de rares endroits, des cadences surtout, où elles sont embellies par de petites figures mélodiques qui consistent en deux sons sur une syllabe et jamais plus. L'égalité de tous les sons est une règle générale. Nous comptons à ce type tous les chants de la messe, les mélodies des psaumes et une partie des antiennes qui s'y rattachent immédiatement. Il faut pourtant en excepter le « *Gloria in excelsis*, » le « *Ite, missa est,* » le « *Benedicamus Domino* » et le psaume « *Laudate pueri Dominum* », dont les mélodies ont dû être postérieurement ornementées ; tels sont le caractère et le domaine du chant grégorien proprement dit, et nous croyons qu'en dehors des pièces que nous venons de citer, aucune de celles du chant liturgique actuellement en usage n'appartient plus à la période de Grégoire le Grand.

Maintenant que nous avons établi la véritable position du chant grégorien, nous pouvons procéder à l'explication du nom du plain chant qui n'a pas encore été donnée d'une manière satisfaisante. Le nom du plain chant n'appartient qu'au chant grégorien proprement dit. Il est « planus, » uni : 1° parce qu'il n'est ni mesuré, ni même coupé en vers ; 2° parce qu'il est enfermé dans l'espace d'un tétracorde ; 3° parce qu'il est unison et jamais harmonisé ; 4° parce qu'il n'est pas figuré ou que sa figuration est des plus modeste. Il ne manque pourtant pas de beauté, il exprime les sentiments de piété, de soumission, de modestie, de l'amour de Dieu, et d'une tendresse presque timide. Au temps de Grégoire le Grand, l'église menacée dans sa capitale même, tantôt par des patriciens batailleurs, tantôt par les rudes ariens Longobards, n'avait pas encore le sentiment de triomphe.

Le second type se distingue du premier par plusieurs traits essentiels. Ses mélodies dépassent toujours non seulement les bornes du tétracorde, mais parfois ceux d'une octave. Les figures n'y sont pas limitées aux cadences, mais souvent la mélodie entière ne consiste qu'en figures, comme dans les chants de processions. C'est à peine si l'on aperçoit les figures à deux sons, imperceptibles parmi celles plus riches, où le nombre des sons monte jusqu'à quarante-huit sur une seule syllabe, comme dans l'antienne : *Pax aeterna*. Nous savons déjà que le texte des chants grégoriens était en prose ; cet usage fut encore continué dans la seconde période, en adaptant aux textes en prose des mélodies à la nouvelle façon. C'étaient des « tractus, » des « proses », qui ne sont au fond que des antiennes avec une riche mélodie. La forme principale, dominante de ce second type sont les séquences, dont nous connaissons déjà la facture, périodique d'abord, puis versifiée, rimée et strophique. C'est ici qu'il faut classer tous les hymnes en usage, aussi bien que les plus belles antiennes, telles que le *Salve Regina*, la *Regina Cœli*, l'*Alma Redemptoris mater*, tous les chants de processions, l'*Officium defunctorum*, et bien d'autres chants et offices qu'on peut facilement reconnaître aux traits que nous avons signalés. Le *Te Deum laudamus*, ce chant de gloire de l'église triomphante, ne peut appartenir qu'à cette seconde période.

Les séquences étant la forme principale de cette époque, leurs mélodies servant de modèles à toutes les autres, nous en pouvons conclure que ce fut sous leur influence et celle des mélodies grecques que le chant liturgique prit un nouvel essor. Ainsi que nous l'avons dit plus haut, en parlant de l'introduction des séquences dans l'ouest de l'Europe, c'est au pape

Adrien II qu'il nous faut rapporter la date de la nouvelle époque du chant liturgique auquel nous ne refusons pas le nom de grégorien, mais seulement en tant qu'il est fondé sur les huit modes grégoriens.

Il ne nous reste que quelques remarques particulières à faire. Nous avons reproché au Père Bouvy le rythme de surcroît, fondé sur l'accent, qu'il croyait avoir trouvé dans la poésie byzantine, et même dans la poésie classique, or, ce rythme de surcroît est tiré du livre de Dom Pothier, chapitre XIV et nous nous en rapportons à ce qui a été dit plus haut sur ce sujet. De l'autre côté, si nous avons reconnu que le père Bouvy avait été bien près de saisir le rôle de l'accent, c'est à son maître que se réfère aussi cet aveu. Les opinions modernes sur l'accent ont conduit Dom Pothier à une autre proposition que nous ne croyons pas juste. Il veut que dans le chant liturgique on renforce les syllabes accentuées. On sait que d'après la doctrine des anciens chaque syllabe a son accent qui, prolongé et relevé par le rythme, a donné naissance à la mélodie. Relever un seul accent dans chaque parole du chant, c'est faire tort aux autres accents. Aux compositeurs seuls appartient le droit, s'ils le veulent, de relever les accents aigus par des figures, ou par des sons plus hauts, et ce n'est pas aux chanteurs à les corriger. Nous croyons que ce renforcement des syllabes accentuées ne s'accorde pas bien avec les mélodies liturgiques qui demandent qu'on relève leurs figures, leurs cadences ; Dom Pothier lui même insiste et dit avec raison qu'il faut faire résonner avec quelque lenteur toutes les cadences finales des vers, des distinctions, des césures, des groupes mélodiques. Dans ces cadences toutes les syllabes sont atones, puisqu'elles sont les dernières, et déjà relevées elles-mêmes elles ne souffrent pas le relèvement des autres, si le chant ne doit prendre l'air d'une agitation insupportable. En contrôlant notre opinion par la pratique nous avons trouvé que seuls les mots proparoxytons admettent quelque relèvement de leurs accents afin de ne pas faire trop prévaloir la syllabe finale, mais cela doit se faire d'une manière presque involontaire.

Plus encore que toutes les autres, les méthodes liturgiques demandent une émission claire et pure des sons. Cette règle générale gouverne aussi les figures, les groupes, les cadences. Dom Pothier, tout en reconnaissant et en démontrant l'égalité des notes du chant liturgique veut cependant que tous les tons appartenant au même groupe soient dans le chant étroitement liés entre eux. Nous craignons que cette demande, bien que juste dans une certaine mesure, ne soit mal comprise. Nous croyons avoir remarqué qu'en voulant obéir à la règle posée par Dom Pothier on commence à hâter l'émission des groupes en émoussant les sons particuliers, en effaçant la clarté et la beauté des inflexions.[1] Pour obvier à cette faute il faut insister sur l'égalité des sons, même si elle n'était pas mathématique.

Ces remarques faites nous admirons la connaissance et le sentiment intime que le savant Péré a de son sujet.

Malgré nos longues observations sur les séquences, ce vaste sujet n'est pas encore épuisé. Nous aurions aussi voulu exposer nos opinions sur le mode et le temps de formation de la mythologie scandinave, mais des circonstances indépendantes de notre volonté nous obligent d'interrompre ces recherches. Du reste la partie des séquences non encore élucidée n'occupe qu'une très faible place dans le domaine des littératures romanes, et les recherches de mythologie n'appartiennent pas à celui du rythme. Nous croyons donc pouvoir sans scrupule nous arrêter.

On ne niera pas peut-être, qu'un bon nombre de questions n'aient reçu ici une solution satisfaisante, mais si

---

[1] Nous pensons à l'école du chant liturgique de Kempten.

c'est le cas, nous n'avons pu arriver à ce résultat qu'à la condition de rejeter les idées préconçues, qui ont fait dévier tant d'éminents savants dans leurs conclusions. Chaque question résolue sur la base de nouveaux principes est donc en même temps une preuve en leur faveur, et ils paraissent mieux établis à la fin de notre travail, qu'ils ne l'étaient quand nous les exposions. Espérons qu'il en sera de même dans l'avenir, car ces principes seuls rendront possible l'application rigoureuse de la méthode historique aux sciences historiques. Il nous faudra en outre connaître mieux les lois psychologiques, et les mieux appliquer dans nos travaux. Elles devraient nous tenir lieu du calcul qui vérifie, et qui guide d'une manière si efficace les recherches physiques. C'est alors que nous entreverrons sous son véritable jour le lien qui relie l'antiquité aux temps qui l'ont suivie. La Grèce n'est pas seulement la mère de nos sciences, elle est aussi celle de nos arts. Le premier fait est incontestable, et cela même donne une grande probabilité à l'autre. La même force créatrice, le même puissant esprit se manifestent chez eux également dans les deux domaines.

Notre éducation scientifique a actuellement pour base l'étude du monde antique, il faut seulement ne pas affaiblir l'effet de ces études en méconnaissant la dépendance de nos arts de ceux de l'antiquité, et en défigurant ainsi l'intime relation qui existe entre la civilisation moderne et celle du monde antique. La civilisation humaine semble de date plus récente qu'on ne le suppose, et si l'on réussit, ce qui est à désirer, à élucider les origines de la culture grecque, on touchera probablement en même temps aux origines de la culture européenne, nous aurions presque dit de la culture en général.

Paris, le 12 août 1887.

TABLE ANALYTIQUE DES MATIÈRES

(Les numéros renvoient aux pages).

Accent : dans la versification syriaque : 5, 138 ; — germanique : 37, 41. — Théorie des accents : 62, 63, 64. — Relation des accents avec le chant et la musique : 65, 66, 147. — Rôle de l'accent dans les tropaires : 146, 147 ; — dans les vers de Virgilius Maro de Toulouse : 159 ; — dans les séquences : 160. — Les accents et les neumes ou notes musicales : 73. — La fonction mélodique des accents effacée : 69, 73, 74. — Les accents et le rythme : 57, 137, 138, 146, 206 ; — dans la versification romane : 165, 166, 167 ; — dans le chant liturgique : 206. — Accentuation romane : 167 ; — française : 167 ; — provençale : 167 ; — italienne : 168 ; — espagnole : 174.

Acrostiches : 138.

Adnominatio : 100.

Adradicatio : 100.

Alexandrins : 134, 166, 174 ; — alex. espagnols : 174-177.

Allitération : 8, 98, 102, 104.

Antiphonaire de Bangor : 127, 130.

Arsis : 55-57.

Arts : leur division : 2 ; — leur principe générateur : 2, 4, 12 ; — arts musicaux : 110 ; — arts grecs : 110, 208 ; — égalisation des parties dans les arts : 2 ; — symétrie dans les arts : 2 ; — spontanéité des arts : 10. — Priorité des arts populaires : 13.

Aubades : 190, 193.

Autochthonéité : 12.

Ballades, bals : 162, 182, 183, 185, 187.

Cadences finales dans les vers : 119, 126, 139, 164 ; — dans le chant liturgique : 204.

Canzone : 179, 180, 181.

Carmina burana : 133.

Causalité : 106.

Césure, dans les rythmes latins : 131, 132 ; — dans les vers italiens : 172.

Chansons : 162, 179, 188, 200 ; — chansons de geste : 23, 160, 184.

Chant, primitif : 11, 31, 78 ; — chant dans les discours oratoires antiques : 92 ; — chant fondé sur les accents : 160 ; — chant liturgique : 201 ; — grégorien : 203 ; — le plain-chant : 204.

Cola lyriques : 54 ; — convertis en mètres : 84 ; — en rythmes : 153, 184.

Culture primitive : 10 ; — culture antique, son influence : 22, 26, 208.

Danse : 2, 12 ; — la danse grecque : 78 ; — son rythme : 79 ; — danse romane : 182.

Décasyllabes : 130, 131 ; — décas. espagnols : 175.

Dimètre, iambique : 41, 125, 166 ; — trochaïque : 126.

Distique élégiaque : 124, 126.

Echelles musicales, antiques : 67, 68, 72 ; — modernes : 74 ; leur provenance : 75-77.

Edda : 8.

Epopée, allemande : 21, 26 ; — française : 23 ; — serbe : 26.

Ennéasyllabes : 129.

Envoi : 179, 181, 187, 189.

Ephymnion : 148, 179, 183.

Finalité : 196.

Formes lyriques, romanes : 170 ; — leur provenance : 179.

Formules magiques : 35.

Frotole : 191.

Hendécasyllabes : 124, 125, 126, 131, 166, 171.

Heptasyllabes : 127, 128 ; — redoublés : 135 ; — espagnols : 176 ; — italiens : 171.

Hexamètres : 8, 43, 34, 105, 124, 126, 139 ; — espagnols : 173.

Hirmes : 144.

Hypothèses, comme conditions dans les recherches : 6, 7.

Ictus : 53-60, 80, 146.

Idées historiques directrices : 6.

Influences historiques : 30 ; — préhistoriques : 31.

Inventions primitives : 17 ; — individuelles : 15 ; — leur rareté : 16.

Imitation : comme action psychologique principale dans les sociétés : 17 ; — dans les arts : 18 ; — imitation internationale : 20, 30.

Jongleurs : 20.

Lais : 183 ; — laisse : 184.

Langues, leur formation : 198 ; — leur division en dialectes : 199.

Langzeile : 7, 41, 103.
Littératures, allemande : 21, 24 ; — anglaise : 28 ; — romanes : 28 ; — leur importance : 194 ; — européennes, leur originalité : 194.
Lois littéraires : 6 ; — métriques : 107 ; — historiques : 195 ; — physiques : 196 ; — psychologiques : 208.
Lyre grecque, son influence sur la formation des gammes grecques : 67.
Mélodies, formée des accents : 63, 66, 72 ; — mélodies des chansons de geste : 160 ; — des ballades : 187 ; — des rondeaux : 188, 189 ; — des sonnets : 188 ; — des motets : 191 ; — dans les drames liturgiques : 160 ; — dans le chant liturgique : 204.
Mesure rythmique : v. Rythme.
Métrique : 50, 51, 54, 107 ; — mètres les plus anciens : 54 ; — rapport entre la rythmique et la métrique : 83, 126, 136, 139, 143 ; — mètre choriaque : 166 ; — innovations dans la métrique latine : 121 ; — dans les poètes chrétiens : 123.
Métriciens : 82, 83.
Métaphores, dans Virgilius Maro de Toulouse : 155 ; — chez les Scaldes : 155.
Minstrels : 13, 14, 20.
Motets : 191.
Musiciens antiques : 83.
Musique, sa relation avec la poésie : 34 ; — origine du système musical grec : 68.
Mythologie aryenne primitive : 8, 9.
Nombre : v. Rythme.
Octonaires : 126, 136, 139.
Octosyllabes : 44, 127 ; — espagnols : 175, 176.
Ossianisme : 13.
Parques, changées en fées : 29 ; — en filles-cygnes : 29.
Pastourelles : 162, 178, 182, 184, 185.
Pauses dans les vers : 163.
Pervigilium Veneris : 179.
Pieds rythmiques : 8, 48, 49, 50, 84, 109 ; — leur échange dans les rythmes : 109 ; — pieds dans Virgilius Maro de Toulouse : 156.
Plain-chant : 204.
Poésie aryenne primitive : 5, 178, 200 ; — sémitique : 5 ; — syriaque : 3, 110 ; — populaire : 13, 200 ; — byzantine : 141, 178 ; — romane : 194. — La poésie selon Dante : 170.
Procemium : 148, 179, 182.
Proses : 203.

Quantité rythmique : 43, 82, 83, 107.

Rythme, naturel : 1 ; — fondé sur l'accent : 3, 42 ; — son origine : 4, 33 ; — rythme antique : 47, 60, 82, 83, 107 ; — dans le chant : 78 ; — dans la danse : 79 ; — mesure rythmique syllabique : 47, 53, 80 ; — abstraite : 82 ; — le rythme approximatif : 113 ; — oratoire : 90, 92 ; — en voie de transformation : 108-113 ; — transformé : 114, 126, 136. — Rythmes méliques chez les Romains : 87, 88. — Rythme dans la poésie byzantine : 115 ; — dans le chant liturgique : 202 ; — dans la versification romane : 163, 166-168 ; — italienne : 168, 171 ; — germanique : 41.

Rythmiciens : 82, 83, 126.

Rythmique, son domaine : 83, 87 ; — transformée : 126, 136.

Rann : 7, 127.

Refrain : 86, 135, 179, 184, 192, 193.

Respos : 148, 185, 186, 188.

Rhéteurs : 90, 157.

Rhétorique : 90 ; — ornements rhétoriques : 93, 98 ; — chant dans les discours oratoires antiques : 91 ; — membres d'un discours oratoire : 96.

Rime : 41, 43, 93, 94, 97, 138, 163.

Ripresa : 187-189.

Ritornello : 181, 200.

Rondeau : 178, 188.

Romance : 192, 200.

Sénaire : 54, 125, 133.

Septénaire : 54, 125, 126, 129, 135, 172.

Séquences : 149, 152, 190 ; — d'Alcuin : 150 ; — de Notker : 151 ; — d'Adam de St-Victor : 152. — Leur influence dans la littérature romane : 179 ; — dans le chant liturgique : 205.

Sigfrid modelé sur Jason : 23.

Sirventes : 183, 184.

Sonnet : 186, 188.

Spontanéité : 10 ; — de la poésie : 11 ; — du chant : 11 ; — de la danse : 12 ; — comme principe littéraire : 24.

Strambotto : 200.

Strophes : 3, 7 ; — dans la lyrique grecque : 85 ; — latine : 122, 125, 127, 133-136 ; — dans les séquences : 135, 151, 178 ; — dans les tropaires : 117, 118, 179 ; — dans les chansons : 179 ; — dans les romances : 184, 193 ; — pastourelles : 182 ; — dans les sonnets : 188 ; — dans la poésie espagnole : 176 ; — strophes homogènes : 184 ; — métaboliques : 179, 183.

Syllabisme : 5, 39, 138 ; — quantité des syllabes : 45, 116 ; — soumises au chant : 111 ; — manière de les compter dans la versification française et provençale : 167 ; — italienne : 170 ; — espagnole : 174, 175.

Symétrie dans l'art : 2, 4.

Temps, fort et faible : 4, 60 ; — comme mesure rythmique : 82 ; — sa dissolution et sa contraction dans les rythmes : 108.

Tétracorde grec : 65, 67, 70, 72, 204 ; — ptoléméen : 72.

Tétrasyllabes : 128, 166.

Thésis : 55, 57, 117.

Tornada : 181, 184-187.

Trimètre dactylique : 115, 130, 160 ; — anapestique : 125, 130, 166.

Tropaires byzantins : 138, 143, 144, 148 ; — leur introduction dans l'Occident : 149, 160.

Trouvères : 183, 201.

Vers : 8 ; — son origine : 33 ; — son perfectionnement : 34 ; — parallélisme entre les vers et les propositions : 36 ; — vers primitifs : 36, 37 ; — vers saturniens : 38 ; — vers à nombre égal de mots : 39 ; — de syllabes : 39-44 ; — vers rythmiques : 45-48 ; — métriques : 8, 46, 109 ; — germaniques : 8, 13, 27 ; — à allitération : 104, 117 ; — vers adoniens : 125, 166 ; — pentasyllabiques : 166, 171 ; — saphiques : 171 ; — sotadéens : 135 ; — vers entés : 166, 171 ; — brisés : 166, 171, 176, 179, 183. — Vers italiens à quatorze syllabes : 172.

Versification syriaque : 138 ; — byzantine : 138, 145 ; — rythmique latine : 87, 114, 127, 128, 136, 139 ; — dans Virgilius Maro de Toulouse : 155, 157. — Versification romane : 162, 166 ; — provençale : 162, 167 ; — italienne : 168, 171, 172 ; — espagnole : 173, 174, 176.

Volta : 187, 188.

TABLE DES CHAPITRES

Questions préliminaires.................................. 1-32

CHAPITRE I.
Le vers est issu de la proposition et le vers rythmique est né du vers syllabique.................................. 33-49

CHAPITRE II.
Le mètre n'était originairement qu'une mesure, un terme fixe du rythme.................................. 50-61

CHAPITRE III.
L'accent formait la mélodie du vers et semble avoir donné naissance au système musical grec.................................. 62-77

CHAPITRE IV.
La mesure rythmique ayant à répondre à trois différents objets : trois rythmizomena, a été amenée à une abstraction qui provoqua une séparation entre la rythmique et la métrique. Les Romains écartèrent cette division en soumettant les rythmes aux lois métriques.................................. 78-89

CHAPITRE V.
La rhétorique latine contient quelques notions et quelques éléments particuliers qui se retrouvent dans la poésie latine et surtout dans la poésie du moyen âge.................................. 90-106

CHAPITRE VI.
La rythmique séparée de la métrique par la mesure abstraite du temps s'éloigne plus encore de son principe originaire sous la prédominance du chant et tend à une transformation complète.................................. 107-120

CHAPITRE VII.

Les vers rythmiques sont calqués sur les mètres.....   120-137

CHAPITRE VIII.

Les formes libres et variables de la rythmique grecque du moyen âge transportées dans l'occident y ont été réduites peu à peu aux formes de la rythmique latine...............   138-161

CHAPITRE IX.

La versification romane tire son origine de la rythmique latine, mais la plupart des formes lyriques romanes sont postérieures à l'introduction des séquences latines.........   162-208

TABLE DES AUTEURS

(Cités aux pages indiquées par les numéros).

Abélard : 180.
Adam de Fulda : 171.
Adam de St-Victor : 153.
Adrien II : 124, 149.
Aedilvald : 117.
Alcuin : 124, 125, 150.
Aldhelm : 21, 116, 124, 160.
Amador de los Rios : 178.
Amalarius : 124.
Ambrosius : 123.
Ammien : 121.
Anastasius : 144.
Andradus Modicus : 124.
André de Crète : 144.
Angilbert : 124.
Angelo Mai : 39, 103, 154.
Anthimos : 143.
Antonio da Tempo : 168, 169, 187, 189, 191.
Appolinaire : 142.
Aquila Romanus : 97, 98.
Aratus : 123.
Arcipreste de Hita : 175, 181.
Aristides Quint : 3, 47, 51, 52, 79, 109, 113.
Aristote : 2, 35, 51, 85.
Aristoxène : 2, 64, 79, 81, 84.
Athénée : 79.
Attilius Fortunatianus : 38, 110.
Augustin S. : 51, 66, 86, 111, 115, 126, 127, 138, 179.
Aulu-Gelle : 63.
Ausone : 122.
Avitus : 123.
Bacchius : 47, 55.
Bang : 8.
Bardesanes : 119.
Barsow : 101.

Bartsch : 41, 132, 160, 183.
Becq de Fouquières : 53.
Bède : 21, 43, 116, 124.
Benfey : 15.
Benloew : 62, 87.
Bentley : 57, 60.
Bernart de Ventadour : 180, 181.
Blanc : 172.
Boèce : 123, 130.
Böhl de Faber : 175.
Bonagiunta Urbiciani : 181.
Boniface : 124.
Boucherie : 43.
Boury P. : 142, 146, 206.
Bugge : 8.
Caesius Bassus : 38.
Candidius : 124.
Capperonnier : 56.
Caton : 36.
Caton, le rhéteur : 137.
Catulle : 121.
Censorinus : 67.
Charisius : 51.
Charlemagne : 21, 124, 127.
Christ. W. : 48, 53, 55, 57, 73, 87, 109, 141-144.
Cicéron : 43, 87, 91, 93, 97, 107, 113.
Ciullo d'Alcamo : 172.
Claudien : 23.
Colomban : 124, 125.
Commodien : 126, 138.
Cornificius : 95.
Corssen : 62, 64.
Cosme de Jérusalem : 144.
Coussemaker : 73, 76, 131.
Crestien de Troies : 179.
Cristobal de Castillejo : 177.

Daniel : 136, 151.
Dante : 168 171.
Démétrius : 96.
Denys d'Halicarnasse : 45, 47-50, 65, 69, 87, 93, 112.
Descartes : 6.
Diderot : 16.
Diez : 173.
Diomède : 52, 63, 113, 116, 146.
Dracontius : 123.
Dunbar : 124.
Duran : 173.
Ebers : 105.
Edélestand du Méril : 126, 128, 130, 133, 134.
Eginhard : 22, 124.
Ennodius : 123.
Ephrem : 138, 140, 149.
Ermoldus Nigellus : 124.
Eschyle : 193.
Eugène de Tolède : 124.
Fardulf : 124.
Federigo II : 181.
Florus : 124, 125.
Fracarolli : 172.
Fragmenta Parisiana : 52.
Francisco d'Ocaña : 176.
Fronton : 121.
Gaucelm Faidit : 13.
Gautier, L. : 134, 149, 151, 171.
Gerbert : 146, 171, 202.
Gevaërt : 67, 71.
Gianni Alfani : 182.
Goethe : 14, 18, 28, 191.
Gottsched : 28.
Goudimel : 13.
Grégoire de Nazianze : 112.
Grimm, J. : 10, 14.
Grimm, W. : 14, 94.
Gui d'Arezzo : 115.
Guido Cavalcanti : 182.
Guillaume d'Amiens : 188.
Guillaume de Poitiers : 180.
Guiraut de Borneil : 190.
Harmonius : 110, 118.
Hehn, V. : 10.
Heiric : 124.
Helmholtz : 68.
Herder : 13.
Hermann Godfried : 58, 60.
Homère : 48.
Horace : 88, 121-125, 153.
Hugo, V. : 17.
Huemer : 57.
Isidore de Séville : 10, 104.

Jacopone da Todi : 172.
Jean de Damas : 144.
Jean de Muris : 171.
Jordan : 36.
Julius Ruffianus : 98.
Justinien : 144.
Kawczynski, M. : 18.
Kehrein : 151, 153.
Keller : 38.
Lachmann : 41, 42.
Laevius : 124.
Lambillotte : 146.
Lavoix, H. : 14.
Leitholdt : 102.
Leroux de Lincy : 199.
Lessing : 2, 28.
Longin : 51, 112.
Lopez de Ayala : 176.
Lucain : 23, 124.
Luxorius : 123.
Mahn : 180.
Malherbe : 35.
Mallius Theodorus : 110.
Marcabrun : 180, 181.
Marius Victor : 123.
Marius Victorinus : 38, 50, 51, 86, 107, 111, 113, 114, 129.
Martianus Capella : 66, 99, 113, 121, 122, 130, 179.
Meibom : 3, 113.
Merobaudes : 123.
Méthode : 142.
Meyer, W., de Goettingue : 5, 94, 106, 129, 132, 133, 138, 142, 148.
Milon de St-Amand : 103, 124.
Moine de St-Gall : 150.
Molinier : 46, 161, 163, 166, 169, 185, 186, 201.
Mone : 132-135.
Morel : 151.
Muatewin : 124.
Muellenhoff : 37, 128.
Mueller, L. : 57, 121.
Muratori : 127, 135.
Nanucci : 172, 179, 181.
Nicefor Caliste Xantopoulos, 111.
Nicolas de Jeroschin : 11.
Nigidius Figullus : 93.
Nigra : 199.
Nonnos : 142.
Notker : 151.
Otfrid de Wissembourg : 21, 25, 39, 41.

Palestrina : 13.
Paris, Gaston : 37, 137, 163, 183.
Paul de Frioul : 124.
Paul Diacre : 124.
Paulin d'Aquilée : 124, 133.
Paulin de Nole : 123.
Percy : 13.
Pero Lopez de Ayala : 176.
Pictet : 10.
Pier delle Vigne : 181.
Pierre Diacre : 124.
Pindare : 23.
Pitra, J.-B. : 141, 144, 148.
Platon : 79, 81.
Plaute : 91.
Pothier : 201-207.
Priscien : 63.
Procope : 10.
Properce : 93.
Psellus : 80.
Ptolémée : 6.
Quintillien : 44, 48, 51, 54, 91, 93, 108.
Raban Maur : 21, 124, 123, 179.
Rabbi Don Santob : 175.
Raimbaut d'Orange : 180.
Rameau : 12.
Raynouard : 183.
Richard Cœur de Lion : 181.
Rinaldo d'Aquino : 179.
Ritschl : 57.
Rousseau, J.-J. : 16.
Sanchez : 173.
Scheler : 184.
Scherer : 37, 62, 128.
Schiller : 28.
Schlottmann : 103.
Sedulius : 123.
Sedulius Scotus : 124.
Seelmann : 63.
Sénèque : 88, 121, 123, 130.

Septimius Serenus : 121.
Sergius : 64.
Sergius Byzantinus : 144.
Servius : 64, 66, 83.
Sidoine Apollinaire : 123.
Sievers : 62.
Smaragde : 124.
Sophronius : 144.
Stace : 23, 124.
Suidas : 51.
Suger : 12.
Synesius : 143.
Tacite : 10, 27.
Taine : 15, 29, 30.
Tardieu : 18.
Terentianus Maurus : 38, 54, 110, 122, 146.
Théodore d'Alexandrie : 147.
Théophylacte, lisez Maurice le Stratège : 10.
Théodulf : 124.
Thimoclès : 143.
Thurneysen : 38.
Uc Faidit : 169.
Usener : 42.
Varron : 96, 121.
Venantius Fortunatus : 123, 126.
Vincent : 51, 113.
Virgile : 124, 125, 179.
Virgile Asianus : 154.
Virgile Maro de Toulouse : 39, 103, 154.
Walafrid Strabon : 21, 124, 125.
Wandilbert : 124, 125.
Weil : 62.
Westphal : 1, 2, 7, 36, 38, 57, 146.
Whitney : 61, 199.
Wolf, Frd. : 173, 177, 178, 184.
Zarncke : 117, 127, 133.
Zeuss : 120.
Zielenski : 12.

ERRATA

Page	ligne	au lieu de :	lisez :
7	29	Langzeilz	Langzeile
10	17	Théophylacte	Maurice
11	13	en	un
11	16	parties	mots
41	3	thaz	thâz
41	3	scrip	scrip
41	3	breitin	breitin
46	6	oa	coma
47	18	ἰμμετρος	ἰμμετρος
»	25	-ξει	-ξει
51	1	ἰστι	ἰστι
57	25	σχεδὸν	σχεδὸν
»	»	αὐτῶν	αὐτῶν
63	21	ex	et
»	35	sine	sive
64	10	Il faut se représenter la première note plus haute, la seconde plus basse.	
»	16	d'une	une
»	32	γαρ	γὰρ
»	»	λεγωδις	λεγωδις
65	1	ἐν	ἐκ
»	17	καλιται	καλιται
66	4	διαστεμάτων	διαστεμάτων
79	11	κίνησις, σώματος	κίνησις σώματος
81	32	αμιλος	μιλος
81	33	μιλος	μιλος
83	20	grecs	Grecs
101	35	alliterirendem	alliterirenden
109	17	Taktheit	Takttheil
»	19	vielmeher	vielmehr
124	11	Eginhard;	Eginhard.
»	11	Muaterin	Muatewin
»	20	Fardeulf	Fardulf
125	19	κατά	κατά

Page	ligne	au lieu de :	lisez :
129	23	Vis	Vir
140	30	l'Orient.	l'Orient ?
148	6	ὀξυτονοῦντα	ὀξυτονοῦτα
153	3	, a)	, (a)
154	n. 2	χαρίττω	χαρίττω
163	33	pleniara	pleniera
172	31	Perche gli uomini	Perche gli uomin'
174	20	fizolo-enforzàr	fizolo enforzàr
175	18	Crodes	Erodes
176	28	esta el lugar	esta el lugar
177	11	criaturas	criaturas
»	19	i a	ia
»	28	Revalacion	Revelacion
183	25	dùs	dù
190	n. 1	Guirant	Guiraut
195	16	par	, par
207	4	méthodes	mélodies

Laval. — Imprimerie et stéréotypie E. JAMIN.

www.ingramcontent.com/pod-product-compliance
Lightning Source LLC
Chambersburg PA
CBHW051918160426
43198CB00012B/1940